Monsieur B

# La vérité sur le bio

ALBIN MICHEL

http://www.monsieurb.com

Conception graphique : Luc Doligez
Mise en couleurs : Sophie Dumas

*Introduction*

# Le bio c'est quoi ?

"Un super-héros pas piqué des vers !"

*Bio man*

Nous vivons dans un monde gouverné par l'argent...
J'ai faim
Tiens, moi aussi j'ai un p'tit creux !!

...Et sommes bien obligés de constater (entre autres) que le système de production agricole moderne détruit la planète...
Aïe, aïe, aïe ! Depuis les OGM, c'est vrai qu'ils savent mieux s'défendre !
...Ruine la majorité des paysans, nous empoisonne.
Au, Mac Do© !
Yo, Géant Vert© !
Vivre "Bio" est faire preuve de bon sens, être respectueux de l'environnement, être socialement responsable.
Continuons ainsi et va falloir OGMiser la race humaine !
Nom d'une pipe !
Et si cela doit se "payer" au prix fort, faisons attention au fait que le bio ne devienne pas... industriel !
Oeufs cubes du terroir

La malbouffe

# Un danger omniprésent

"Je vois le mâle partout !"

*La nymphomane*

LA SÉCURITÉ ALIMENTAIRE EST L'UNE DE NOS PRÉOCCUPATIONS MAJEURES.
NE MANGE QUE LES MOULES FERMÉES ! AU MOINS T'ES SÛRE QU'Y A PAS D'SALOPERIES QUI SONT RENTRÉES DEDANS !!
AH ? ... OKÉÉÉ ! !

L'ALIMENTATION EST DEVENUE SUSPECTE, QUE CE SOIT L'EAU DU ROBINET...
Aâargh, jamais ! à la rigueur dans l'pastaga !!
... ET ENCORE !!
...LA VIANDE OU LES PRODUITS DE LA MER, À JUSTE TITRE, ON S'EN MÉFIE.
?
MEUH, NON ! ELLE CHERCHE JUSTE À S'FAIRE RÉFORMER P4 !!
L'AGRONOMIE A PERVERTI L'AGRICULTURE TRADITIONNELLE.
HA !... ALORS, C'EST DONC ÇA LA NATURE !!
PAS TRÈS RENTABLE, L'BAZAR !!
ON ACCUSE LES PRODUCTEURS DE RECHERCHER LE PROFIT ET DE CÉDER À LA MONDIALISATION DU CIRCUIT AGRO-ALIMENTAIRE.
ET SI ON FAISAIT FLEURIR DES BURGERS À MÊME LE BÉTON ?
MIAM FOOD 2

# De quoi prendre peur

"Reviens, Esmeralda, c'est moi !"

*Quasimodo*

HORMONES DE CROISSANCE, ADDITIFS, AGENTS DE CONSERVATION, ARÔMES ET COLORANTS SYNTHÉTIQUES, NOS CRAINTES SONT FONDÉES.
CELUI-LÀ, IL A ÉTÉ ÉLEVÉ À LA FERME !
WHAOUH ! SUR TF1 ? À LA FERME DES CÉLÉBRITÉS ?!

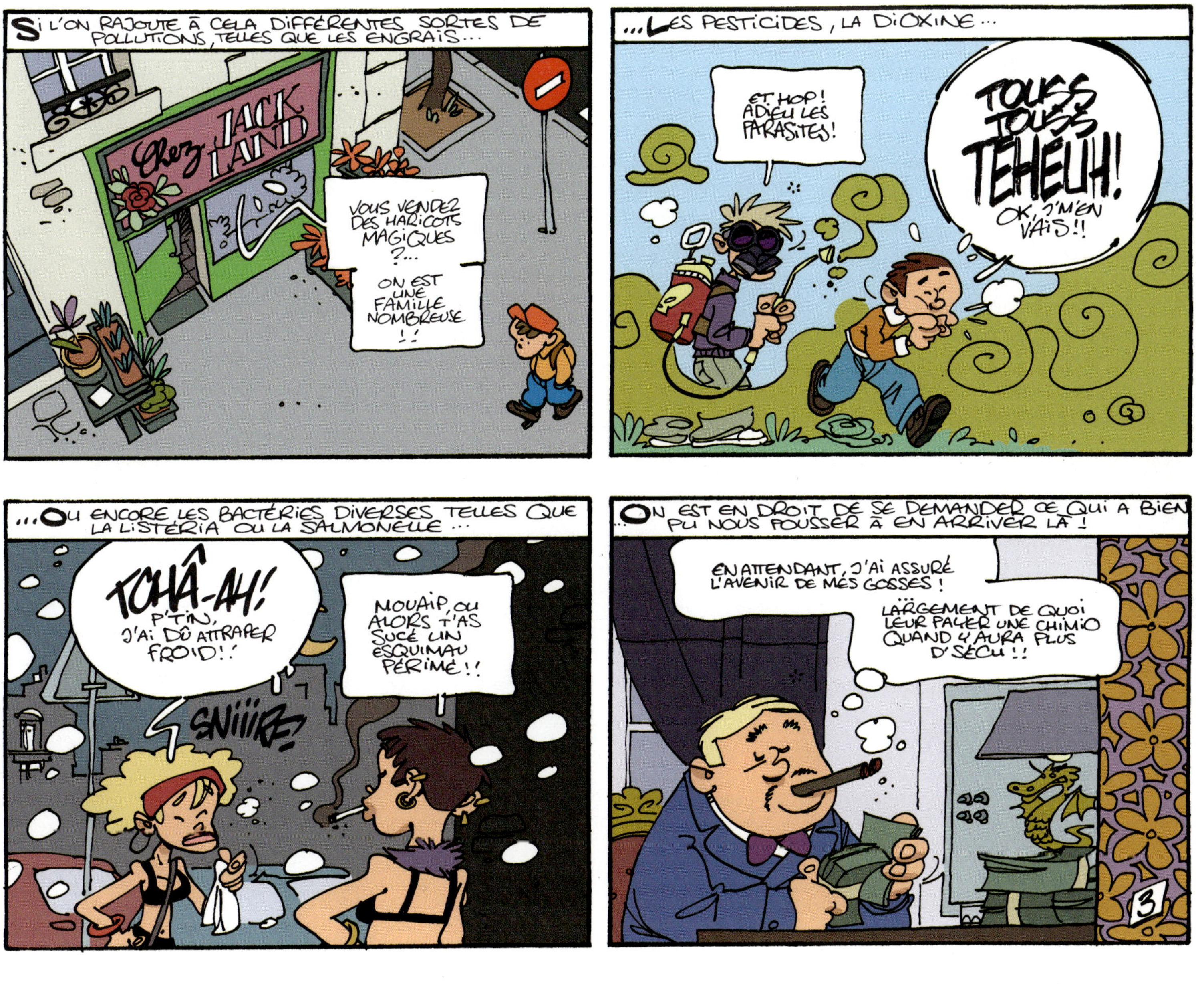
SI L'ON RAJOUTE À CELA DIFFÉRENTES SORTES DE POLLUTIONS, TELLES QUE LES ENGRAIS...
Chez JACK LAND
VOUS VENDEZ DES HARICOTS MAGIQUES ?...
ON EST UNE FAMILLE NOMBREUSE !!
...LES PESTICIDES, LA DIOXINE...
ET HOP ! ADIEU LES PARASITES !
TOUSS TOUSS TEHEUH ! OK, J'M'EN VAIS !!
...OU ENCORE LES BACTÉRIES DIVERSES TELLES QUE LA LISTÉRIA OU LA SALMONELLE...
TCHÂ-AH ! P'TIN, J'AI DÛ ATTRAPER FROID !!
SNIIIIRF !
MOUAIP, OU ALORS T'AS SUCÉ UN ESQUIMAU PÉRIMÉ !!
ON EST EN DROIT DE SE DEMANDER CE QUI A BIEN PU NOUS POUSSER À EN ARRIVER LÀ !
EN ATTENDANT, J'AI ASSURÉ L'AVENIR DE MES GOSSES !
LARGEMENT DE QUOI LEUR PAYER UNE CHIMIO QUAND Y AURA PLUS D'SÉCU !!
3

# Le signal d'alarme

"Appuyez sur le bouton rouge !"

*Biactol*

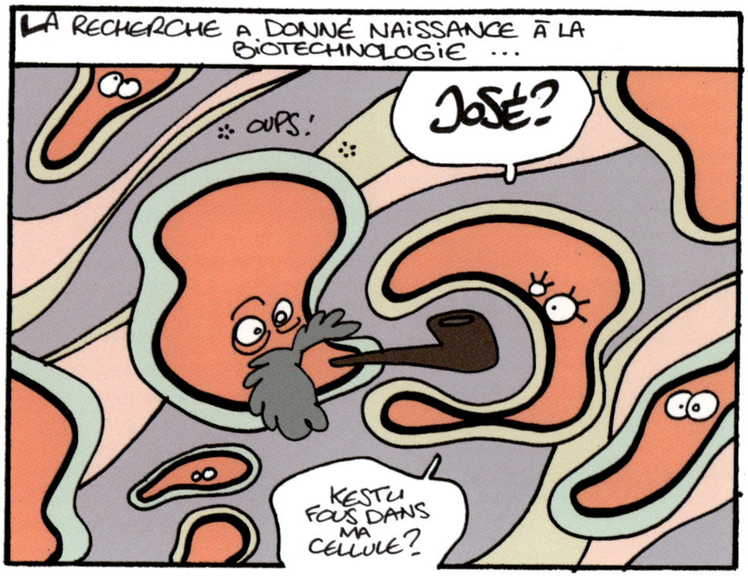
LA RECHERCHE A DONNÉ NAISSANCE À LA BIOTECHNOLOGIE ...
OUPS!
JOSÉ?
KESTU FOUS DANS MA CELLULE?

...ET À DES PROCÉDÉS QUI INQUIÈTENT, QUI TOUCHENT À LA GÉNÉTIQUE.
CHIRURGIE ESTHÉTIQUE
Bonzour! Ça serait pour me faire retirer un chromosome !!
L'HYBRIDATION CONSISTE À CROISER DEUX ESPÈCES AFIN D'EN OBTENIR UNE NOUVELLE DONT LES RÉSULTATS SERONT PLUS SÛRS ET RAPIDES.
UN COCHON ET UN MILLE-PATTES!! T'IMAGINES LES TONNES DE JAMBON?
LA DESCENDANCE DE CETTE PRATIQUE S'APPELLE OGM (ORGANISME GÉNÉTIQUEMENT MODIFIÉ)
ALLÉ, FINI!
AARGH, LES GAMINS! ÇA N'BOUFFE PLUS RIEN!!
SES DÉFENSEURS Y VOIENT DE NOMBREUX AVANTAGES.
BEN, OUAIS! PIS AVEC LE RÉCHAUFFEMENT DE LA PLANÈTE, PLUS BESOIN DE MICRO-ONDES!!

# OGM, les avantages

"Se faire du blé ?"

*La femme du boulanger*

DONNER VIE À UNE NOUVELLE RACE, C'EST UN PEU RIVALISER AVEC DIEU.
HEP, JÉSUS? ... TU PEUX MULTIPLIER NOS PAINS AU CHOCOLAT ?!

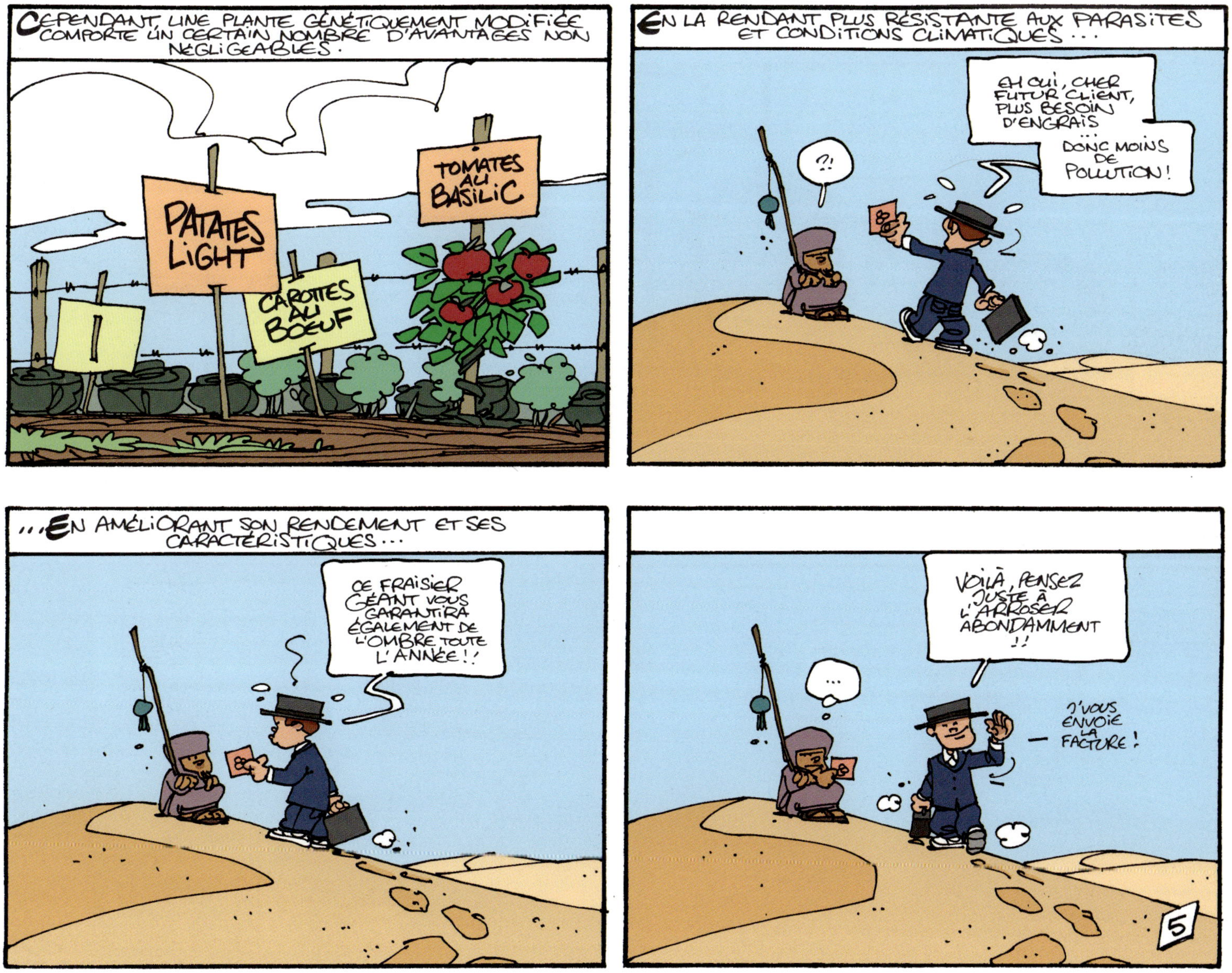
CEPENDANT, UNE PLANTE GÉNÉTIQUEMENT MODIFIÉE COMPORTE UN CERTAIN NOMBRE D'AVANTAGES NON NÉGLIGEABLES.
PATATES LIGHT
CAROTTES AU BOEUF
TOMATES AU BASILIC
EN LA RENDANT PLUS RÉSISTANTE AUX PARASITES ET CONDITIONS CLIMATIQUES...
?!
EH OUI, CHER FUTUR CLIENT, PLUS BESOIN D'ENGRAIS ... DONC MOINS DE POLLUTION!
...EN AMÉLIORANT SON RENDEMENT ET SES CARACTÉRISTIQUES...
CE FRAISIER GÉANT VOUS GARANTIRA ÉGALEMENT DE L'OMBRE TOUTE L'ANNÉE!!
...
VOILÀ, PENSEZ JUSTE À L'ARROSER ABONDAMMENT !!
J'VOUS ENVOIE LA FACTURE!
5

# OGM, les risques

"… se faire rouler dans la farine !"

*Re-la femme du boulanger*

CES PRODUITS SONT-ILS INOFFENSIFS OU DANGEREUX ? DANS LE DOUTE, LA RAISON EÛT ÉTÉ DE TESTER SUR DU LONG TERME AVANT DE SE LANCER.
HA, HA BANDE D'EMPOTÉS !!

UNE DES CRAINTES EST LA PROPAGATION DE GÈNES VERS D'AUTRES ESPÈCES POUR LESQUELLES LES EFFETS NE SERAIENT PAS BÉNÉFIQUES...
CRISE D'ACNÉ ?!
NON ! OVERDOSE DE MAÏS !!
...COMME (PAR EXEMPLE) LA RÉSISTANCE AUX ANTIBIOTIQUES.
JE VAIS VOUS PRESCRIRE DES ANTI-ANTIBIOTIQUES !!
DES MÉDICAMENTS BIO EN QUELQUE SORTE ?!
L'ARGUMENT SELON LEQUEL LES OGM PARTICIPERAIENT À LA LUTTE CONTRE LA FAIM DANS LE MONDE EST TRÈS CONTESTÉ ...
À 5 € LA GRAINE, VA FALLOIR SE SERRER LA CEINTURE !!
...VU QUE L'AGRO-ALIMENTAIRE EST DÉJÀ (DANS CERTAINS PAYS) EN SURPRODUCTION, CE SURPLUS NE POURRAIT-IL PAS ÊTRE REDISTRIBUÉ ?
BIEN SÛR QUE SI ! ... MOYENNANT FINANCES, TOUT EST POSSIBLE !!

# Le ras l'bol

"… de riz siouplé !"

*Un Éthiopien anonyme*

En réaction à cette malbouffe, nous sommes de plus en plus nombreux à opter pour une alimentation biologique...
Et des pissenlits par la racine, ça t'branche ?!
Plaît-il ?

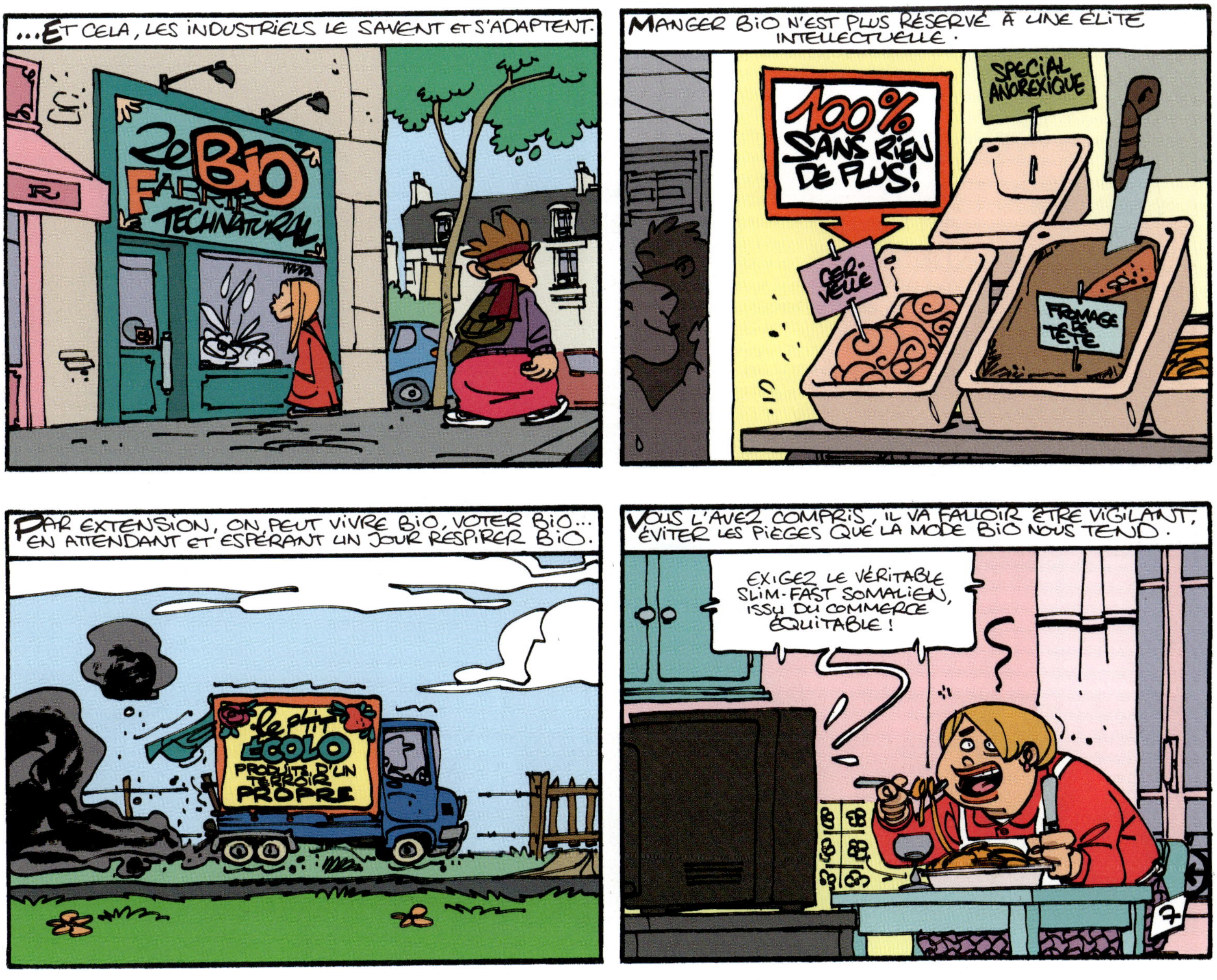
...Et cela, les industriels le savent et s'adaptent.
Le BIO
TECHNATURAL
Manger bio n'est plus réservé à une élite intellectuelle.
100% sans rien de plus !
Spécial anorexique
Cervelle
Fromage de tête
Par extension, on peut vivre bio, voter bio... en attendant et espérant un jour respirer bio.
Le p'tit écolo
Produits d'un terroir propre
Vous l'avez compris, il va falloir être vigilant, éviter les pièges que la mode bio nous tend.
Exigez le véritable Slim-Fast somalien, issu du commerce équitable !

# Optez pour l'"AB"

"Nom d'un p'tit caillou !"

*L'abbé Pierre*

IL FAUT SAVOIR QUE L'APPELLATION BIO EST AMBIGUË ET NE DONNE AUCUNE GARANTIE.
ET BIOCANINA©? CE SONT DES CROQUETTES ÉLEVÉES EN PLEIN AIR?!

LE VÉRITABLE LABEL EST "AB", AGRICULTURE BIOLOGIQUE, PROPRIÉTÉ DU MINISTÈRE DE L'AGRICULTURE.
BONJOUR, ON M'A DIT QUE VOUS PRODUISIEZ DES NAVETS!
ET QUI VOUS A DIT ÇA?
AB PRODUCTIONS
TF1
LE SIGLE "AB" GARANTIT QUE LES FRUITS ET LÉGUMES ONT ÉTÉ PRODUITS SANS ENGRAIS CHIMIQUE, NI PESTICIDES OU INSECTICIDES DE SYNTHÈSE.
BEUARK!... IL EST PARFUMÉ À QUOI VOT' POIREAU?
FUMIER D'CHEVAL MA P'TITE DAME!
CE TYPE D'AGRICULTURE ÉVITE LA DÉTÉRIORATION DES SOLS ET ASSURE LEUR BONNE FERTILITÉ.
T'AS VU, RENÉ, LA TAILLE DE MES COURGETTES?!
ELLE RESPECTE LES SAISONS ET LES VÉGÉTAUX SONT RÉCOLTÉS À MATURITÉ.
SACRILÈGE, SOEUR EMMANUELLE, VOUS N'ALLEZ PAS RÂPER UNE SI BELLE CAROTTE?!
?!
8

*Bio en force*

# L'"AB" des bêtes

"… qui monte, qui monte !"

*La coccinelle de Monte-Carlo*

EN CE QUI CONCERNE L'ÉLEVAGE BIOLOGIQUE, LES ANIMAUX DOIVENT VIVRE SUR DES SOLS RESPECTANT LES RÈGLES DE L'AGRICULTURE BIOLOGIQUE…
AARGH !!… QU'EST-CE QUE TU FOUS DANS MON POTAGER ?!
J'APPELLE LE BOUCHER, TANT PIS POUR TOI !

…ET ÉLEVÉS SANS UTILISATION D'ANTIBIOTIQUES (TOUTEFOIS TOLÉRÉS DEUX FOIS PAR AN).
Y'A PAS DE MÊÊÊEEH, MA BIQUETTE, C'EST L'HEURE DE TON SUPPO !
CES BÊTES DOIVENT ÊTRE NOURRIES AVEC DES PRODUITS GARANTIS BIOLOGIQUES.
BAH !… LES MIENNES N'LISENT PAS LES ÉTIQUETTES !!
BLÉ DE CROISSANCE
LES ÉLEVEURS DONNENT AU BÉTAIL L'ACCÈS AU PLEIN AIR…
ÇA PUE LÀ-D'DANS ! OUVRE LES FENÊTRES !!
COÔÔT CÔT
CÔT, COCÔT
…ET APPLIQUENT DES THÉRAPIES DOUCES, L'HOMÉOPATHIE, PAR EXEMPLE.
GRANULÉS EN GROS

# Un label de qualité ?

“La Belle ?”

*La Bête*

LE LABEL "AB" GARANTIT UN MODE DE PRODUCTION...
TU PEUX Y ALLER, C'EST D'LA LOCALE !
PÊT

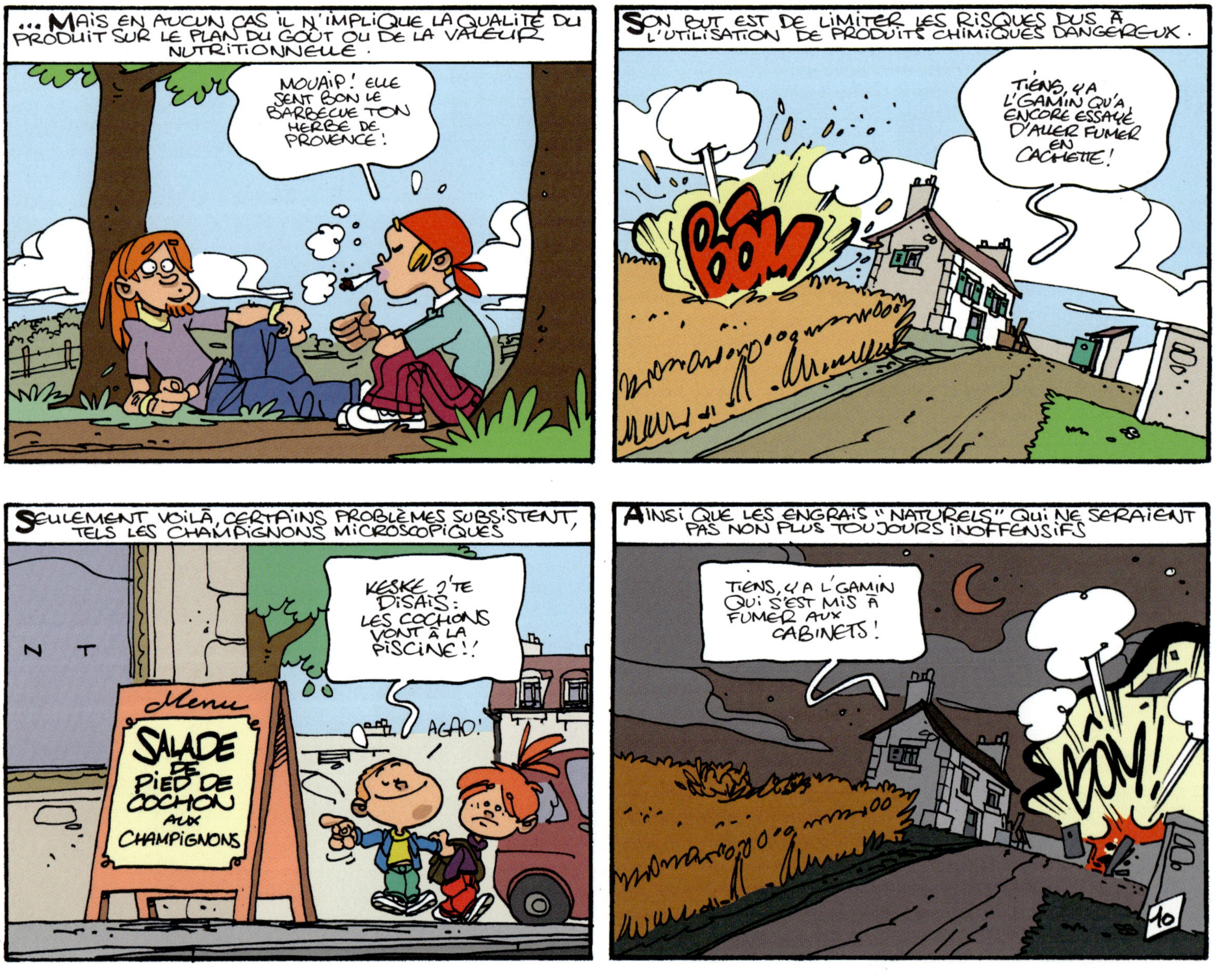
...MAIS EN AUCUN CAS IL N'IMPLIQUE LA QUALITÉ DU PRODUIT SUR LE PLAN DU GOÛT OU DE LA VALEUR NUTRITIONNELLE.
MOUAIP ! ELLE SENT BON LE BARBECUE TON HERBE DE PROVENCE !
SON BUT EST DE LIMITER LES RISQUES DUS À L'UTILISATION DE PRODUITS CHIMIQUES DANGEREUX.
BÔM
TIENS, Y A L'GAMIN QU'A ENCORE ESSAYÉ D'ALLER FUMER EN CACHETTE !
SEULEMENT VOILÀ, CERTAINS PROBLÈMES SUBSISTENT, TELS LES CHAMPIGNONS MICROSCOPIQUES
KESKE J'TE DISAIS : LES COCHONS VONT À LA PISCINE !!
AGAO !
Menu
SALADE DE PIED DE COCHON AUX CHAMPIGNONS
AINSI QUE LES ENGRAIS "NATURELS" QUI NE SERAIENT PAS NON PLUS TOUJOURS INOFFENSIFS
TIENS, Y A L'GAMIN QUI S'EST MIS À FUMER AUX CABINETS !
BÔM !
10

*Bio en force*

# Un coût élevé

"À qui l'dites vous ?"

*La grande girafe*

VU QUE LES PRODUITS VISANT À AMÉLIORER LE RENDEMENT DE L'AGRICULTURE ET DE L'ÉLEVAGE SONT INTERDITS...
T'INQUIÈTE JOSIANE, C'EST PAS POUR MOI ! ... C'EST POUR OFFRIR !!

...IL EN RÉSULTE QUE LE BIO COÛTE PLUS CHER À LA PRODUCTION, DONC À LA VENTE
VOILÀ, J'AI 12 327 432 HARICOTS EN STOCK !
ET EN KILOS, ÇA FAIT COMBIEN ?!
CETTE DIFFÉRENCE DE TARIFS EST À L'ORIGINE D'UN SYSTÈME DE FRAUDE INTERNATIONALE
CAFÉ CHINOIS
BANANES NORDIQUES
CONCOMBRE MASQUÉ
CAVIAR du PÉROU
DES PRODUCTIONS UTILISANT LE "CHIMIQUE" SE FONT FAIRE DE FAUX CERTIFICATS...
TIPEXEZ LE "CHIMIE" DE "BIOCHIMIE" ET LE TOUR EST JOUÉ !!
...ET DOUBLENT LEUR PRIX EN ARRIVANT SUR LE MARCHÉ BIO.
ÇA VOUS FERA 5 € !!
QUOI ?! C'EST QU'ELLES SONT DÉJÀ FARCIES VOS TOMATES ?!

# Le mange-tout

“Y m’court sur le haricot… vert !”

*Harry Potter*

TOUT COMME L'AIR, L'EAU ET LA LUMIÈRE, UNE NOURRITURE DE QUALITÉ NOUS EST INDISPENSABLE.
HUM !... ÇA SENT BON, QU'EST-CE QUE C'EST ?
LE VOISIN QUI FAIT UN BARBECUE !!

LES PRODUITS ALIMENTAIRES SONT PARTOUT : À LA MAISON, DANS LA RUE, DANS LES MÉDIAS.
AUJOURD'HUI, ON N'A PLUS LE DROIT D'AVOIR FAIIIIIM !!
TIENS, CARLOS CHANTE ENCORE !!
ZAP!
RÉDUITE À UN SIMPLE OBJET DE CONSOMMATION, LA "BOUFFE" EST PERÇUE COMME LE BAROMÈTRE DE LA SANTÉ ÉCONOMIQUE D'UNE SOCIÉTÉ.
LE PANIER DE LA MÉNAGÈRE EST ESTIMÉ À 250 €...
VACH' ! L'OSIER A AUGMENTÉ !!
MAIS QU'EN EST-IL DE NOTRE SANTÉ ?
AUGMENTATION DES ACCIDENTS CARDIO-VASCULAIRES DUS À...
ALLÔ, SOS PIZZA ?!
...OUAIS AVEC DES BIÈRES !
L'APPROCHE MATÉRIALISTE DU MONDE DANS LEQUEL NOUS VIVONS NOUS A-T-ELLE CONDUIT À DES EXCÈS ET DÉVIANCES IRRÉVERSIBLES ?
BEN ?... ELLES SONT PAS VIOLETTES LES VACHES ?!
COMME DANS L'CHOCOLAT !
12

# Bien dans son assiette

"En cartonne ?"

*Linda de Suza*

LES PLATS SURGELÉS ET PRÉPARÉS, LES ALIMENTS FONCTIONNELS ET ENRICHIS...
COMBIEN DE TEMPS AU MICRO-ONDES VOS OEUFS ?
GROZEUX

...AINSI QUE LES SUCRERIES ET SODAS GAGNENT DU TERRAIN.
PASSE-MOI L'COCA !...
LES CHIOTTES SONT ENCORE BOUCHÉES !
CAMPING ***
EN PARANT AU PLUS PRESSÉ, EN SE REMPLISSANT POUR COMBLER UN VIDE, ON PERD LE GOÛT...
C'EST PAS UNE POMME...
... ÇA SENT PAS "L'APPLE-PIE" !!
...LE GOÛT DES CHOSES, LE GOÛT DE CUISINER, LE GOÛT DE LA VIE.
EUH, CHÉRI ? ET SI ON ALLAIT AU RESTO ?!
?!
LE BIO EST UN REMÈDE À CE MALAISE EXISTENTIEL. DIS-MOI CE QUE TU MANGES, JE TE DIRAI QUI TU ES !
FINIS TON ASSIETTE !
ché ch'que j'fé !!
CROC !

# Du tout cuit

“Quelle hérésie !”

*Jeanne d’Arc*

LA PLUPART DES OCCIDENTAUX N'ONT PLUS BESOIN DE LUTTER POUR LEUR SURVIE PHYSIQUE QUOTIDIENNE
TIENS, J'VAIS PRENDRE DES JUS DE FRUITS "LIGHT" ...
... ÇA SERA MOINS LOURD À PORTER !

CELA DIT, LE TEMPS EST MAINTENANT VENU DE SE PRÉOCCUPER DE L'ENVIRONNEMENT.
FLAP!
FLAP
DE REDONNER À L'ACTE DE SE NOURRIR TOUT SON SENS, SA VALEUR, SA SUBSTANCE.
BEÂÂRK ! ÇA PUE L'SILICONE !!
OUIN!
D'OPTER POUR L'ÉVIDENCE : LE RESPECT DE LA PLANETE ET DE SES HABITANTS.
ET SI ON ORGANISAIT UNE GRÈVE DE LA FAIM ?!
les restos du cœur
L'AVANCÉE DE L'HOMME N'EST PAS ENVISAGEABLE AUTREMENT
BEN VOILÀ ON EST BIEN AVANCÉS ! !
14

*À votre santé*

# Tous ensemble

"Serrons-nous les coudes !"

*La Vénus de Milo*

L'ALIMENTATION CONSTRUIT NOS CELLULES, ASSURE NOTRE VITALITÉ, NOUS MAINTIENT EN BONNE FORME.
ALORS, LA PÊCHE ?
YES ! ET TOI, LA PATATE ?
AARGH!

ELLE EST LE PRODUIT D'UNE TERRE DONT LA SANTÉ CONDITIONNE LA NÔTRE.
T'AS PRIS TON FERTILISANT ?!
SAVOIR SE CONTENTER DU NÉCESSAIRE (ET L'APPRÉCIER) SERA LA RECETTE DU SAGE.
IL PARAÎT QUE "QUI DORT DÎNE" ALORS, BONNE NUIT !!
GAAARGOUIL !!
AUJOURD'HUI DES "BIO-OPPORTUNISTES" TENTENT DE RÉCUPÉRER UNE PRISE DE CONSCIENCE COLLECTIVE (SUITE À DIVERS SCANDALES ALIMENTAIRES)...
DE SOURCE NON-OFFICIELLE, IL PARAÎTRAIT QUE LA VACHE QUI RIT SERAIT DEVENUE FOLLE !!
CAMDU
...POUR LA NOURRIR À LA PERFORMANCE. NE LAISSONS PAS LE MAL S'ÉTENDRE, SE BANALISER UNE FOIS DE PLUS.
TU N'PRÉFÈRES PAS UN KIWI ?
NÂN !
15

# Le juste choix

EN ACHETANT BIO, NOUS PAYONS POUR NOTRE SÉCURITÉ ALIMENTAIRE.
J'comprend pas, C'était pourtant du vin bio!
BEUÂÂRK!!

"Pouf, pouf, ça-se-ra-toi-qui passeras à la casserole !"

*Amin Dada*

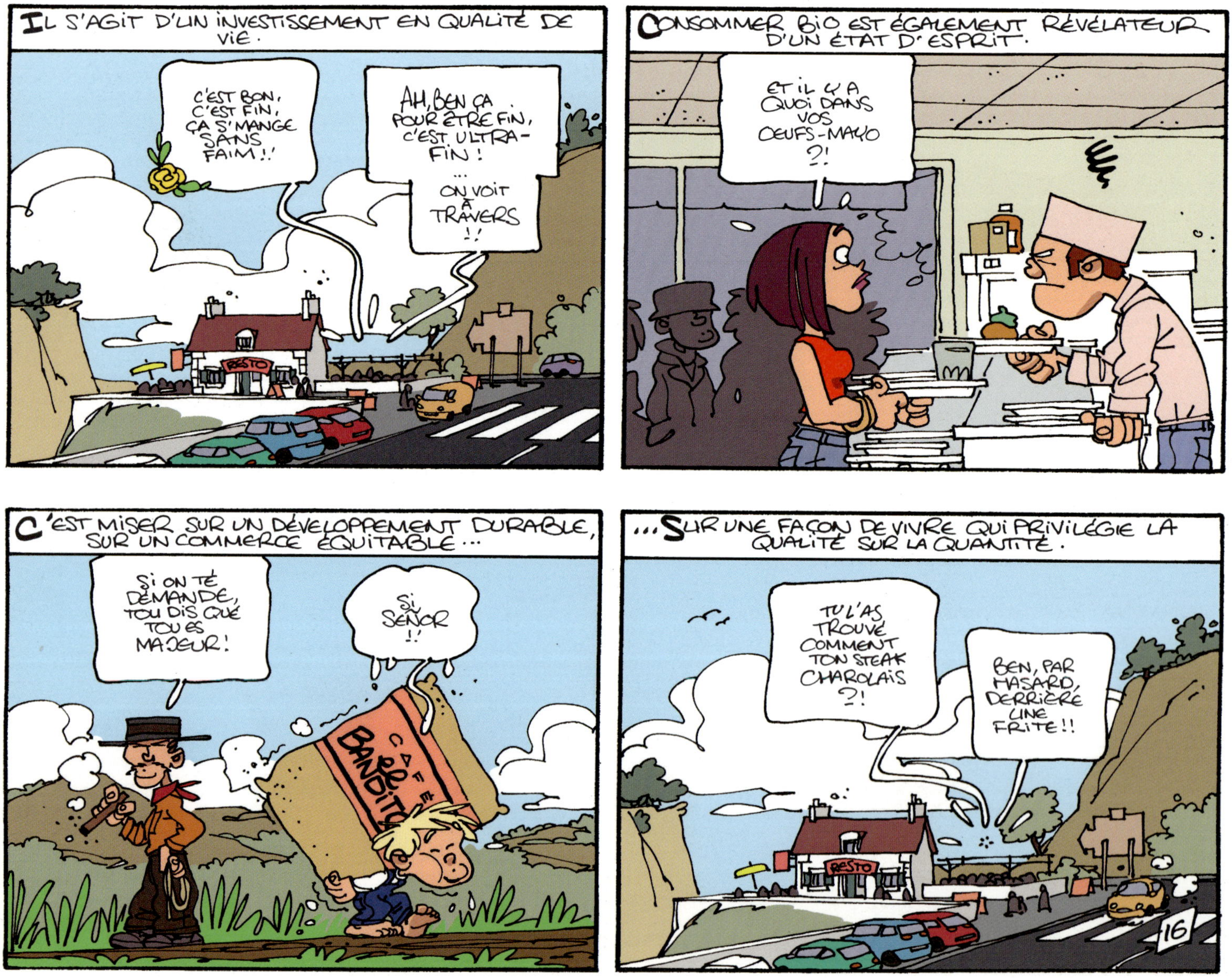
IL S'AGIT D'UN INVESTISSEMENT EN QUALITÉ DE VIE.
C'EST BON, C'EST FIN, ÇA S'MANGE SANS FAIM!!
AH, BEN ÇA POUR ÊTRE FIN, C'EST ULTRA-FIN! ... ON VOIT À TRAVERS!!
RESTO
CONSOMMER BIO EST ÉGALEMENT RÉVÉLATEUR D'UN ÉTAT D'ESPRIT.
ET IL Y A QUOI DANS VOS OEUFS-MAYO ?!
C'EST MISER SUR UN DÉVELOPPEMENT DURABLE, SUR UN COMMERCE ÉQUITABLE...
SI ON TE DEMANDE, TOU DIS QUE TOU ES MAJEUR!
SI SEÑOR!!
CAFÉ BANDITO
...SUR UNE FAÇON DE VIVRE QUI PRIVILÉGIE LA QUALITÉ SUR LA QUANTITÉ.
TU L'AS TROUVÉ COMMENT TON STEAK CHAROLAIS ?!
BEN, PAR HASARD, DERRIÈRE UNE FRITE!!
RESTO

*Où acheter bio ?*

# Les grandes surfaces

LE BIO EN SUPERMARCHÉ EST VIDÉ DE SON SENS, DÉTOURNÉ DE SON OBJET, HORS DE SON CONTEXTE...
GARÇON ?! UN SANDWICH RILLETTES ET UN BALLON D'ROUGE ! !
MIAM BURG

“À Carrefour, on freine !”

*Le code de la route*

...MAIS REPRÉSENTE LA MAJEURE PARTIE DES ACHATS DE PRODUITS LABELLISÉS AB.
HEP, CORALIE ! TON TAXI EST AVANCÉ ! !
?!
BÉTAILLÈRE CORA
LES ÉTALS AU LOOK TERROIR FLEURISSENT, LES TÊTES DE GONDOLE RURALE POUSSENT À LA VITESSE D'UN OGM.
C'EST UN ANIMAL DE LA FERME, LA DAME ?
euh -?!
NE NOUS Y TROMPONS PAS, NOUS NE SOMMES PAS CHEZ UN PETIT ARTISAN AMOUREUX DE LA TERRE ET DU TRAVAIL BIEN FAIT...
La bonne
e Sarrasin
SUC'
NUTELLA ?
CIDRE IBRAHIM
NUT
...ICI LA TRANSFORMATION DE LA PLUPART DES PRODUITS "BIO" S'EFFECTUE DANS DES INFRASTRUCTURES INDUSTRIELLES CLASSIQUES.
CÔT, COCOTTE ! AUCHAN ? AUCHAN ? J'CROYAIS "AUX CHAMPS" ! !
PAREIL ! !
COT !
CÔT CÔÔT !
17

# Les Biocoop

"Pas cap' d'faire cap sur la coop !"

*Cap'taine Cook*

EN FRANCE, UN GRAND NOMBRE DE MAGASINS SPÉCIALISÉS EST AFFILIÉ AU RÉSEAU BIOCOOP.
FILE TON BLÉ !!
servez-vous, ici, tout est en vrac !!

CETTE ENSEIGNE INSTITUE DE VÉRITABLES PARTENARIATS AVEC SES FOURNISSEURS
VOUS ÊTES EN ÉTAT D'ARRESTATION !!
NON ! ... PAS ROBOT-COOP !!
CHAQUE AFFILIÉ REÇOIT UNE FORMATION SÉRIEUSE ET CONTINUE
JE SAIS ! L'OGM EST UNE ÉQUIPE DE FOOT !! COMME LE PSG !!
IL S'ENGAGE, PAR SON ADHÉSION À UNE CHARTE À RESPECTER, DES RÈGLES DE DISTRIBUTION, DE GESTION ET D'ÉQUITÉ SOCIALE.
JE LE JURE SUR LE SAINT ATLAS !!
DANS LES POINTS DE VENTE AFFILIÉS À CE RÉSEAU, ON TROUVE DES PRODUITS FRAIS ET DE PROXIMITÉ.
MOUETTES AU KG
ALGUES EN VRAC
MAZOUT BRUT 15 € LE LITRE

# La vente à la ferme

"Bonne idée !"

*Georges Marchais*

LES MARCHÉS ÉGAIENT NOS VILLES ET VILLAGES DE PAR LEUR BONNE HUMEUR, LEUR AUTHENTICITÉ.
ALLONS, MESDAMES, ELLE EST BELLE, ELLE EST BONNE, MA CAROTTE !
PAS CHER LA BOTTE !

ILS CONNAISSENT ACTUELLEMENT UN RÉEL ENGOUEMENT ET SONT UN DÉBOUCHÉ COMMERCIAL INTÉRESSANT POUR LES PETITS PRODUCTEURS LOCAUX...
BONJOUR MESSIEURS ! ... KESKE J'VOUS SERS ?
PET
CHAMPIGNONS HALLUCINOGÈNES
COOL HASH
PURE BEUH
...QUI PEUVENT AINSI ÉCOULER DES PRODUITS FRAIS ET ARTISANAUX SANS INTERMÉDIAIRE.
VOUS VOULEZ UN CAGEOT ?
NON MERCI, J'SUIS DÉJÀ MARIÉ !
?!
MAIS PARMI LES ÉTALS, EXISTENT AUSSI DES REVENDEURS QUI, DE PAR LEUR SITUATION D'INTERMÉDIAIRES, RALLONGENT LES PRIX...
DITES DONC, VOUS ÊTES PLUS CHER QU'EN FACE !!
NORMAL ! ... C'EST LÀ OÙ J'ME FOURNIS !!
...VENDENT DU HORS-SAISON, DE L'IMPORTÉ.
SI, SI !... J'AI UNE VÉRANDA BIEN EXPOSÉE !!
PAMPLEMOUSSES des alpages

# La vente à la ferme

"Oui, soyons ferme !"

*Nicolas Sarkozy*

EN VENTE DIRECTE, LA FERME ATTIRE CE CITADIN EN QUÊTE DE SENSATIONS PURES.
DEUX BIG-CHÈVRE, TROIS GRANDES SAUCISSES ET UNE ROYALE SALADE !!
?!
TOM 75

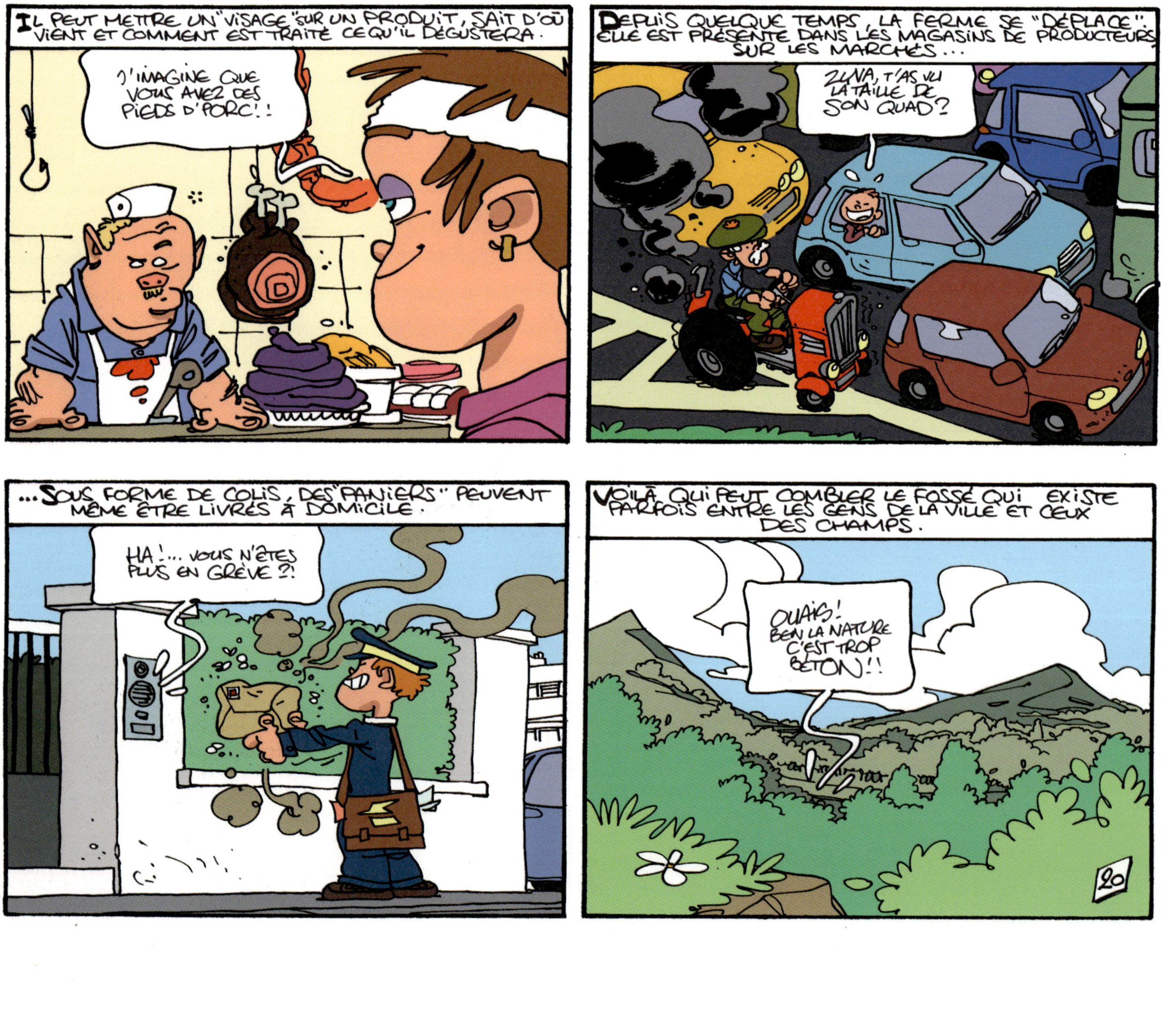
IL PEUT METTRE UN "VISAGE" SUR UN PRODUIT, SAIT D'OÙ VIENT ET COMMENT EST TRAITÉ CE QU'IL DÉGUSTERA.
J'IMAGINE QUE VOUS AVEZ DES PIEDS D'PORC !!
DEPUIS QUELQUE TEMPS, LA FERME SE "DÉPLACE". ELLE EST PRÉSENTE DANS LES MAGASINS DE PRODUCTEURS, SUR LES MARCHÉS...
ZYVA, T'AS VU LA TAILLE DE SON QUAD ?
...SOUS FORME DE COLIS, DES "PANIERS" PEUVENT MÊME ÊTRE LIVRÉS À DOMICILE.
HA !... VOUS N'ÊTES PLUS EN GRÈVE ?!
VOILÀ QUI PEUT COMBLER LE FOSSÉ QUI EXISTE PARFOIS ENTRE LES GENS DE LA VILLE ET CEUX DES CHAMPS.
OUAIS ! BEN LA NATURE C'EST TROP BÉTON !!
20

# Sur Internet

"Mangez des pommes !"

*Apple*

CERTAINS PRODUCTEURS BIO SONT REGROUPÉS SUR DES SITES INTERNET POUR PROPOSER UNE VENTE EN LIGNE PERMANENTE.
TU VEUX DU "CYBER-JAMBON" AVEC TA "VIRTUA-PURÉE" ?!
?!
CLIC

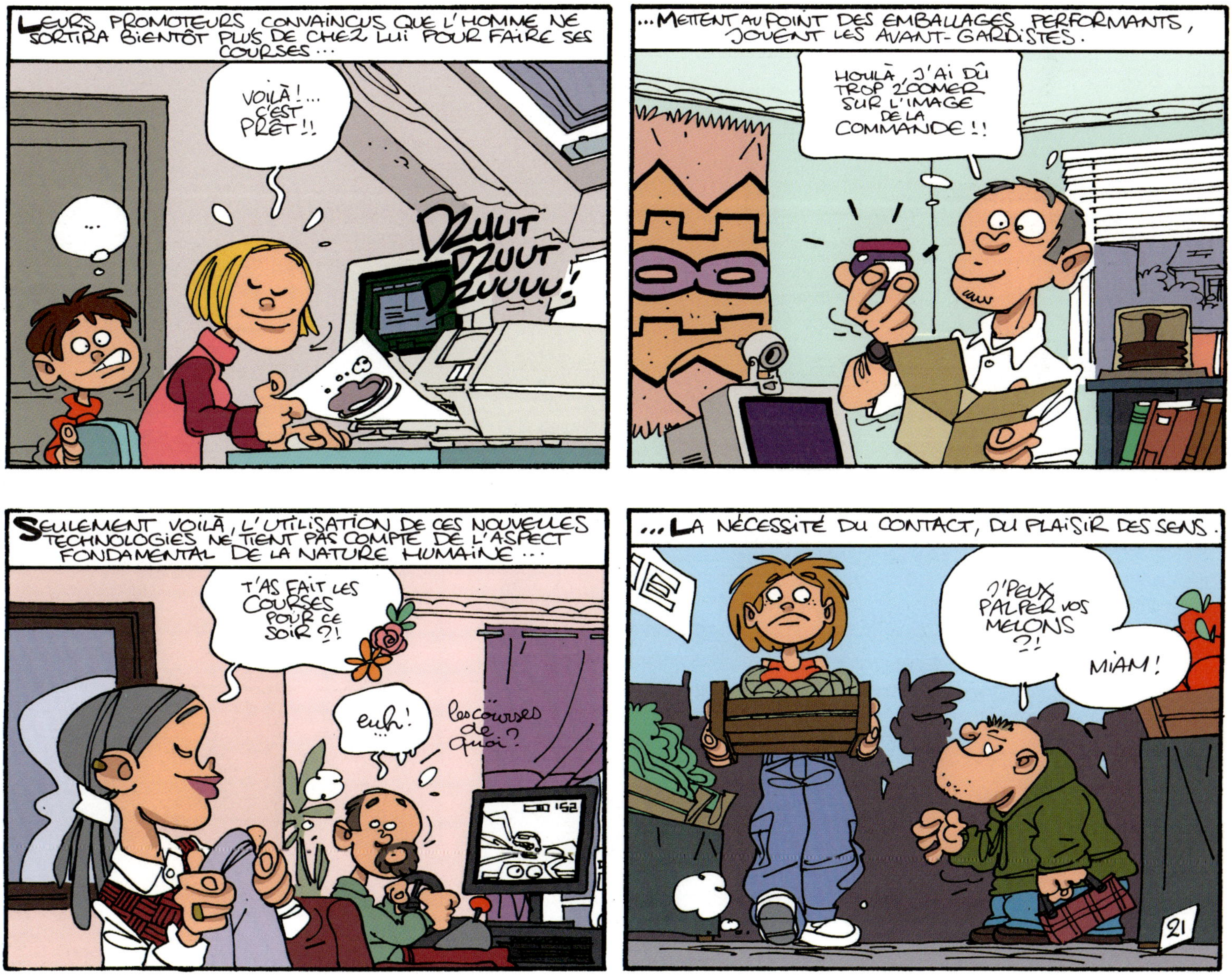
LEURS PROMOTEURS CONVAINCUS QUE L'HOMME NE SORTIRA BIENTÔT PLUS DE CHEZ LUI POUR FAIRE SES COURSES...
VOILÀ !... C'EST PRÊT !!
...
DZUUT DZUUT DZUUUUU !
...METTENT AU POINT DES EMBALLAGES PERFORMANTS, JOUENT LES AVANT-GARDISTES.
HOULÀ, J'AI DÛ TROP ZOOMER SUR L'IMAGE DE LA COMMANDE !!
SEULEMENT VOILÀ, L'UTILISATION DE CES NOUVELLES TECHNOLOGIES NE TIENT PAS COMPTE DE L'ASPECT FONDAMENTAL DE LA NATURE HUMAINE...
T'AS FAIT LES COURSES POUR CE SOIR ?!
euh !
Les courses de quoi ?
...LA NÉCESSITÉ DU CONTACT, DU PLAISIR DES SENS.
J'PEUX PALPER VOS MELONS ?!
MIAM !

# Le boulanger

"Et qu'il n'en reste pas une miette !!"

*Le Petit Poucet*

LES ARTISANS BOULANGERS SONT UNANIMES : LA FARINE BIO EST UN COMPOSANT IMPORTANT POUR OBTENIR UN BON PAIN.
À la bonne miche
(ATTENTION, V'LA L'VIEUX CROÛTON) !!

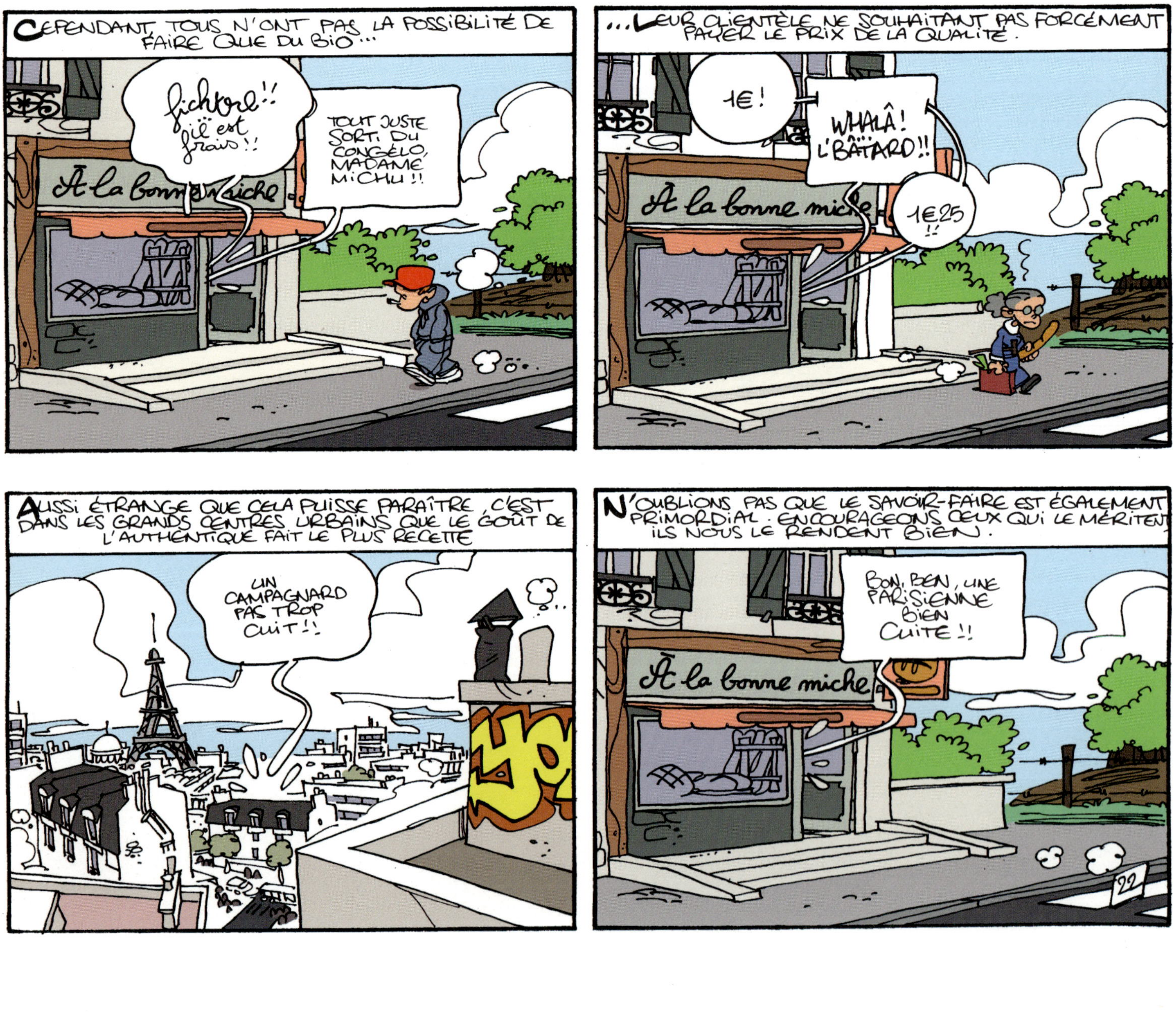
CEPENDANT, TOUS N'ONT PAS LA POSSIBILITÉ DE FAIRE QUE DU BIO...
fichtre !! il est frais !!
TOUT JUSTE SORTI DU CONGÉLO, MADAME MICHU !!
...LEUR CLIENTÈLE NE SOUHAITANT PAS FORCÉMENT PAYER LE PRIX DE LA QUALITÉ.
1€ !
WHALÂ ! L'BÂTARD !!
1€25 !!
À la bonne miche
AUSSI ÉTRANGE QUE CELA PUISSE PARAÎTRE, C'EST DANS LES GRANDS CENTRES URBAINS QUE LE GOÛT DE L'AUTHENTIQUE FAIT LE PLUS RECETTE
UN CAMPAGNARD PAS TROP CUIT !!
N'OUBLIONS PAS QUE LE SAVOIR-FAIRE EST ÉGALEMENT PRIMORDIAL : ENCOURAGEONS CEUX QUI LE MÉRITENT, ILS NOUS LE RENDENT BIEN.
BON, BEN, UNE PARISIENNE BIEN CUITE !!
À la bonne miche
22

# Le boucher charcutier

“Un bien beau métier !”

*Jack l’éventreur*

S’IL EST BIO, IL EST BON. LES BÊTES QU’IL CHOISIT ONT ÉTÉ ÉLEVÉES ET NOURRIES AVEC SOIN.
mon, avec du foin ... avec un “f” comme dans “farmacie” !!
HO, HO! avec soin, n’importe quoi !!

IL EN RÉSULTE UNE QUALITÉ INCOMPARABLE : LA VIANDE EST FERME, LA SAVEUR PLUS MARQUÉE...
TOU ES SOUR QUÉ SÉ DOU POULET ?
CERTAIN, MÊME QU’C’EST DU COMMISSAIRE !
...LES QUALITÉS NUTRITIONNELLES SANS ÉQUIVALENT AVEC UN ANIMAL GONFLÉ AUX HORMONES.
VOUS VENDEZ DE LA GIRAFE ?!
PAR CONTRE, LE CONSOMMATEUR DOIT SAVOIR QU’EN BIO, L’ABATTAGE EST PONCTUEL...
AÏE!
...IL FAUDRA DONC QU’IL ADAPTE SA DEMANDE AUX PARTICULARITÉS DE L’OFFRE.
BOUCHERIE
HA, DÉSOLÉ, NOUS N’AVONS QUE DU TORERO CETTE SEMAINE !!
J’VOUS METS LES OREILLES ET LA QUEUE ?!

# Le viticulteur bio

De façon générale, la qualité des vins bio a beaucoup progressé...
GRATOS! UN CROTTIN PUR BIQUE!!
BIO PIF
BIO NIOLI

"Un verre, ça va…
trois verres, ça va mieux !"

*Annie Girardot*

...Notamment en ce qui concerne la connaissance du cycle des maladies de la vigne.
AÏE, ÈVE! C'EST L'AUTOMNE!!
Il faut être à l'écoute de dame nature et réagir rapidement en fonction de ses humeurs.
ALLÔ, PICARD? VOUS SERIEZ INTÉRESSÉS PAR DU PINARD SURGELÉ?
Une fois en cave, le jus fermente lentement. Les arômes ont le temps de se développer, l'acidité s'en trouve réduite.
EXCELLENT! ON DIRAIT DU CIDRE!!
Dans le domaine viticole bio, on ne triche pas: pas d'ajout de levures aromatiques industrielles, de sucre, de copeaux ou de poudres boisées
J'TROUVE QUAND MÊME QU'IL A UN P'TIT GOÛT DE TROP PEU!!
HIPS!
APRÈS ON S'FAIT UNE "BIO-GNOLE"?
24

# À vous de jouer

VOUS AVEZ SU OÙ FAIRE VOS COURSES ... IL VA MAINTENANT FALLOIR PASSER À L'ACTION.
T'AS PENSÉ AUX BIÈRES ?
PFOUU !!

"On n'sait jamais !"

*La Française des Jeux*

C'EST DONC D'UN PANIER FRAÎCHEMENT "CUEILLI" SUR UN MARCHÉ...
J'AI MÊME TROUVÉ DES ÉPINARDS EN BRANCHE !
SUPER ! ET T'AS PRIS DES TRUCS COMESTIBLES ?!
...OU D'UN RÉFRIGÉRATEUR PROPRE ET À TEMPÉRATURE CONSTANTE QUE VOUS PUISEZ VOS ALIMENTS.
penser à faire le plein !
0%
BRAVO, VOUS AVEZ L'ESPRIT BIO, ET C'EST DANS LE RESPECT ET L'APPLICATION QUE VOUS VOUS PRÉPAREZ À CUISINER.
ET M..., PLUS DE GAZ !!
TIC TIC TIC
IL EST TEMPS DE CONTINUER À VOUS FAIRE PLAISIR. PAR LA SUITE, PARTAGER CE REPAS SERA FAIRE PREUVE D'AMOUR.
EN TOUT CAS, LE PAIN N'EST PAS DÉGUEU !
25

# L'art de cuisiner bio

"Mettons les petits plats dans les grands !"

*Une poupée russe*

CUISINER BIO N'EST PAS FAIRE LA TAMBOUILLE POUR UN RÉGIMENT DE COCHONS !
N'EMPÊCHE QUE BOUFFER DANS L'ÉVIER, ÇA ÉVITE DE FAIRE LA VAISSELLE !!
MIOM !

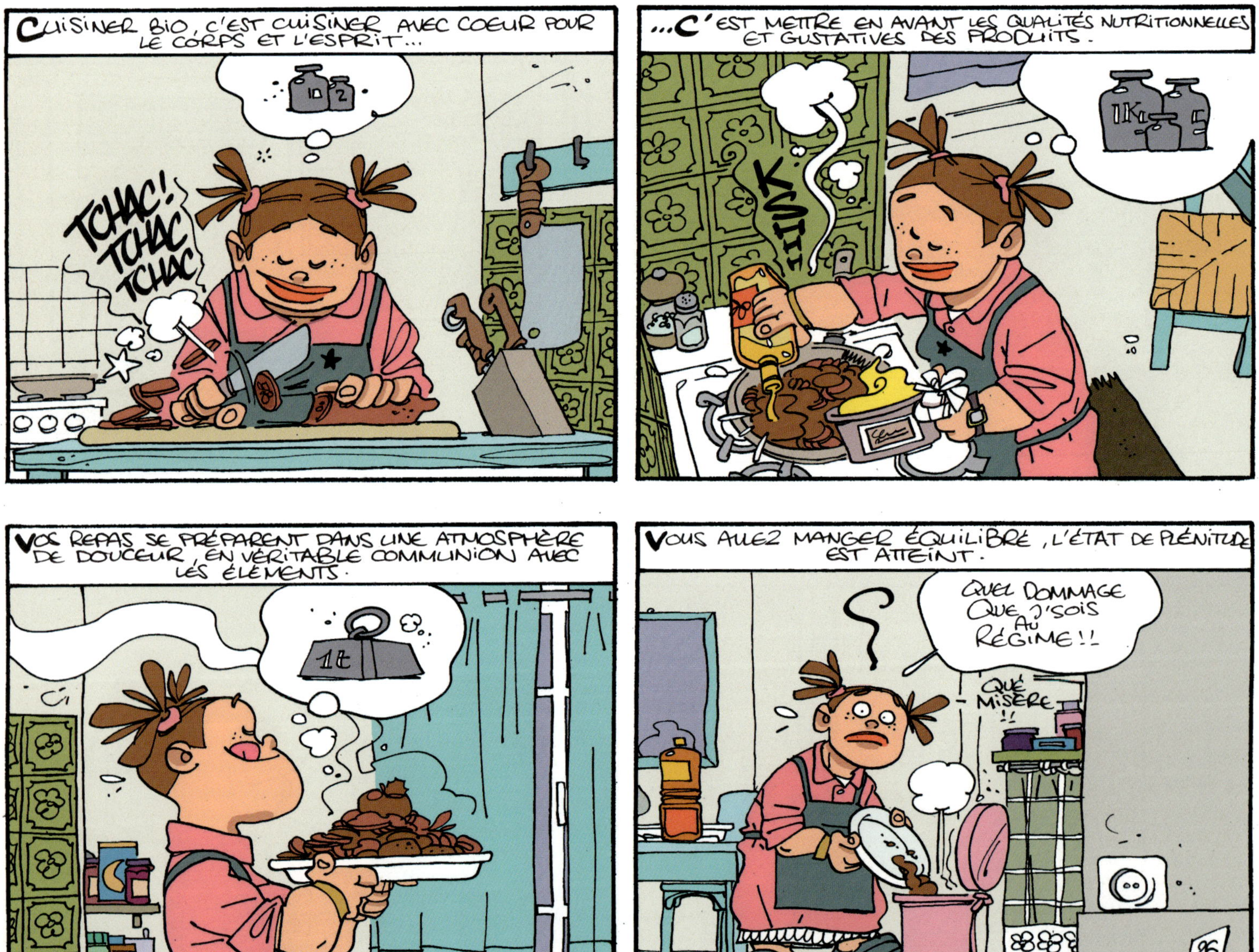
CUISINER BIO, C'EST CUISINER AVEC COEUR POUR LE CORPS ET L'ESPRIT...
TCHAC ! TCHAC TCHAC
...C'EST METTRE EN AVANT LES QUALITÉS NUTRITIONNELLES ET GUSTATIVES DES PRODUITS.
1Kg
VOS REPAS SE PRÉPARENT DANS UNE ATMOSPHÈRE DE DOUCEUR, EN VÉRITABLE COMMUNION AVEC LES ÉLÉMENTS.
1t
VOUS ALLEZ MANGER ÉQUILIBRÉ, L'ÉTAT DE PLÉNITUDE EST ATTEINT.
?
QUEL DOMMAGE QUE J'SOIS AU RÉGIME !!
QUÉ MISÈRE !!
26

# Le resto bio

"Siouplé !… pas trop salée l'addition !"

*L'hypertension*

CERTES LES RESTAURANTS PUREMENT BIO SONT PEU NOMBREUX.
SI! BIENVÉNOU!!
DESSERT
PLAT PRINCIPAL
ENTRÉES

LA CONFUSION BIO (santé, diététique, végétarisme... secte!) ÉTANT ENCORE TROP RÉPANDUE POUR OSER SE LANCER DANS UNE TELLE ENTREPRISE.
SI, POUR LA SALADE NATOURE...
...IL VA FALLOIR ATTENDRE QU'ELLE POUSSE!
OUNÉ APÉRITIF POUR PATIENTER?
QU'À CELA NE TIENNE, À VOUS DE VOUS OFFRIR UN MENU BIO, EN OPTANT POUR CE QUI SEMBLE DE SAISON, CE QUI EST DIGESTE.
CROK
CROK
AINSI VOUS NE TRAHIREZ PAS L'ESPRIT BIO. FAITES CONFIANCE : UN BON CUISTOT PRIVILÉGIERA TOUJOURS L'ALIMENT LE PLUS NOBLE.
ALLEZ, DÉPÊCHE!... RAMASSE-MOI CETTE CRÈME RENVERSÉE!!
LE CLIENT N'ATTEND PAS!
OUI, CHEF!
PROFITER D'UN CADRE AGRÉABLE DANS UNE AMBIANCE DÉTENDUE EST PAR EXTENSION UNE ATTITUDE BIO.
VOILÀ: LE CAFÉ ET L'ADDITION!!
l'Oseille
RESTO-ÉCOLO
GLURPS!! ... VOUS PRENEZ LES CHÈQUES EN BOIS!

# Bon appétit

"Ça tombe bien, j'avais les crocs !"

*Dracula*

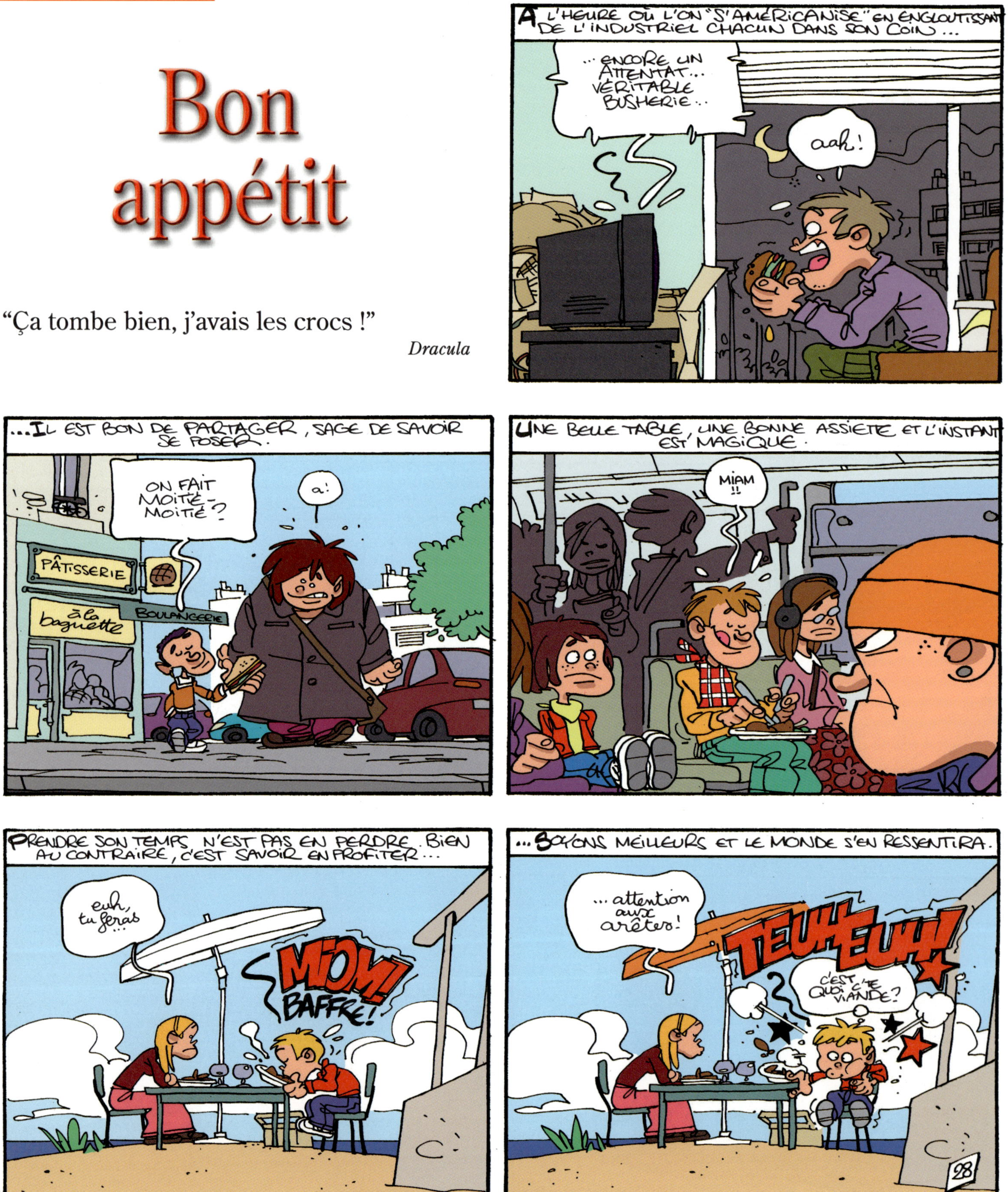
A l'heure où l'on "s'américanise" en engloutissant de l'industriel chacun dans son coin...
... encore un attentat... véritable busherie...
aah!
... il est bon de partager, sage de savoir se poser.
Pâtisserie
à la baguette
Boulangerie
On fait moitié-moitié ?
a!
Une belle table, une bonne assiette et l'instant est magique.
Miam !!
Prendre son temps n'est pas en perdre. Bien au contraire, c'est savoir en profiter...
euh, tu feras...
Miom!
Baffre!
... Soyons meilleurs et le monde s'en ressentira.
... attention aux arêtes!
Teuheuh!
C'est quoi c'te viande?
28

S.O.S la Terre !

# La planète en danger

"Rentrer maison :… touss, touss !!"

*E.T.*

OBÉSITÉ, ALLERGIES, ASTHME, HYPERACTIVITÉ, DÉFICITS D'ATTENTION, TROUBLES DU SOMMEIL ET DU COMPORTEMENT...
FÉ GAF' AUX MINES !!

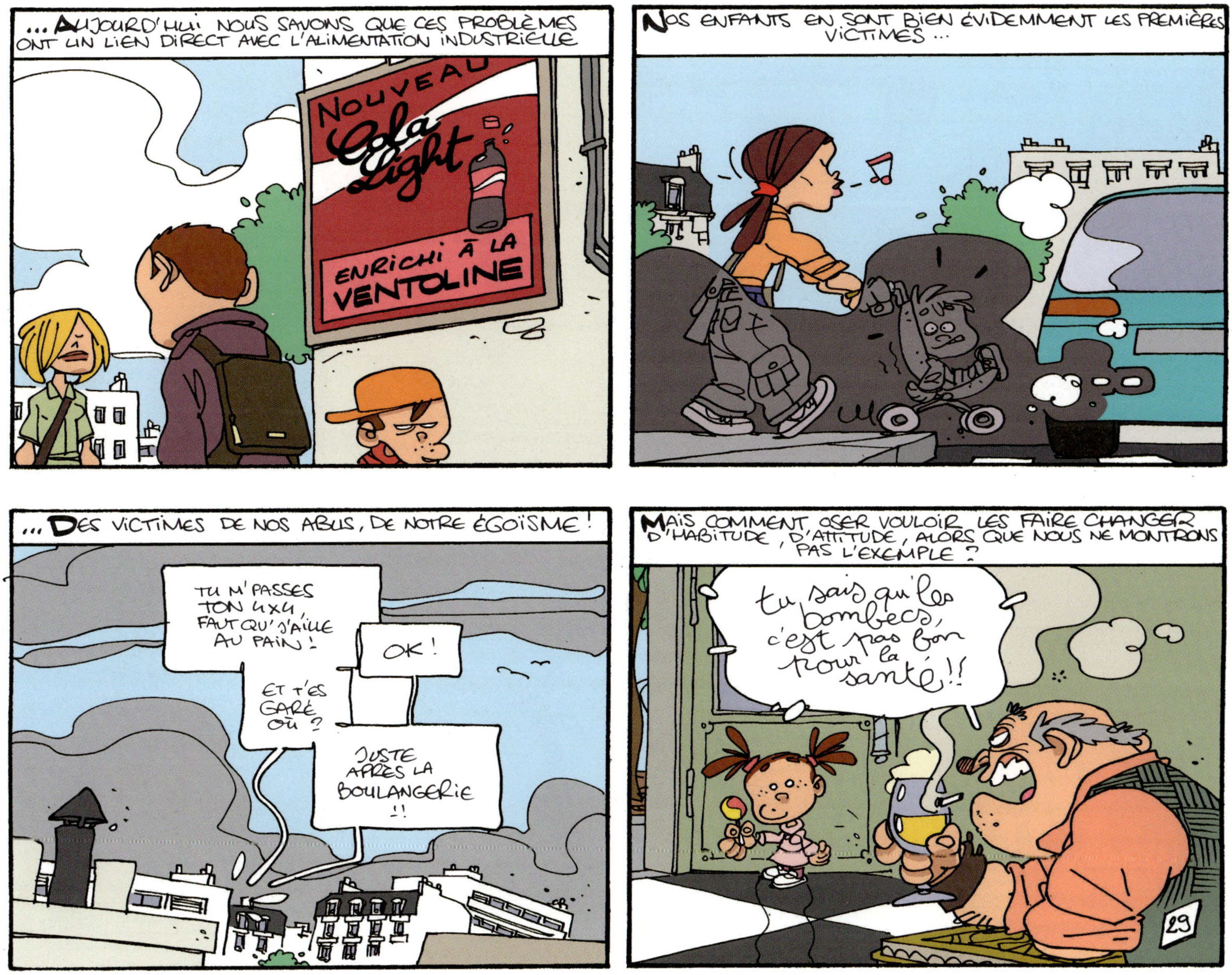
...AUJOURD'HUI NOUS SAVONS QUE CES PROBLÈMES ONT UN LIEN DIRECT AVEC L'ALIMENTATION INDUSTRIELLE
NOUVEAU Cola Light
ENRICHI À LA VENTOLINE
NOS ENFANTS EN SONT BIEN ÉVIDEMMENT LES PREMIÈRES VICTIMES...
...DES VICTIMES DE NOS ABUS, DE NOTRE ÉGOÏSME !
TU M'PASSES TON 4X4, FAUT QU'J'AILLE AU PAIN !
OK !
ET T'ES GARÉ OÙ ?
JUSTE APRÈS LA BOULANGERIE !!
MAIS COMMENT OSER VOULOIR LES FAIRE CHANGER D'HABITUDE, D'ATTITUDE, ALORS QUE NOUS NE MONTRONS PAS L'EXEMPLE ?
tu sais qu'les bombecs, c'est pas bon pour la santé !!
29

# L'école de la vie

"Prem's !"

*Le fayot*

Si l'apprentissage passe par l'école, les cantines scolaires ont également une mission éducative.
Alors, t'as mangé quoi c'midi ?
Du pain !

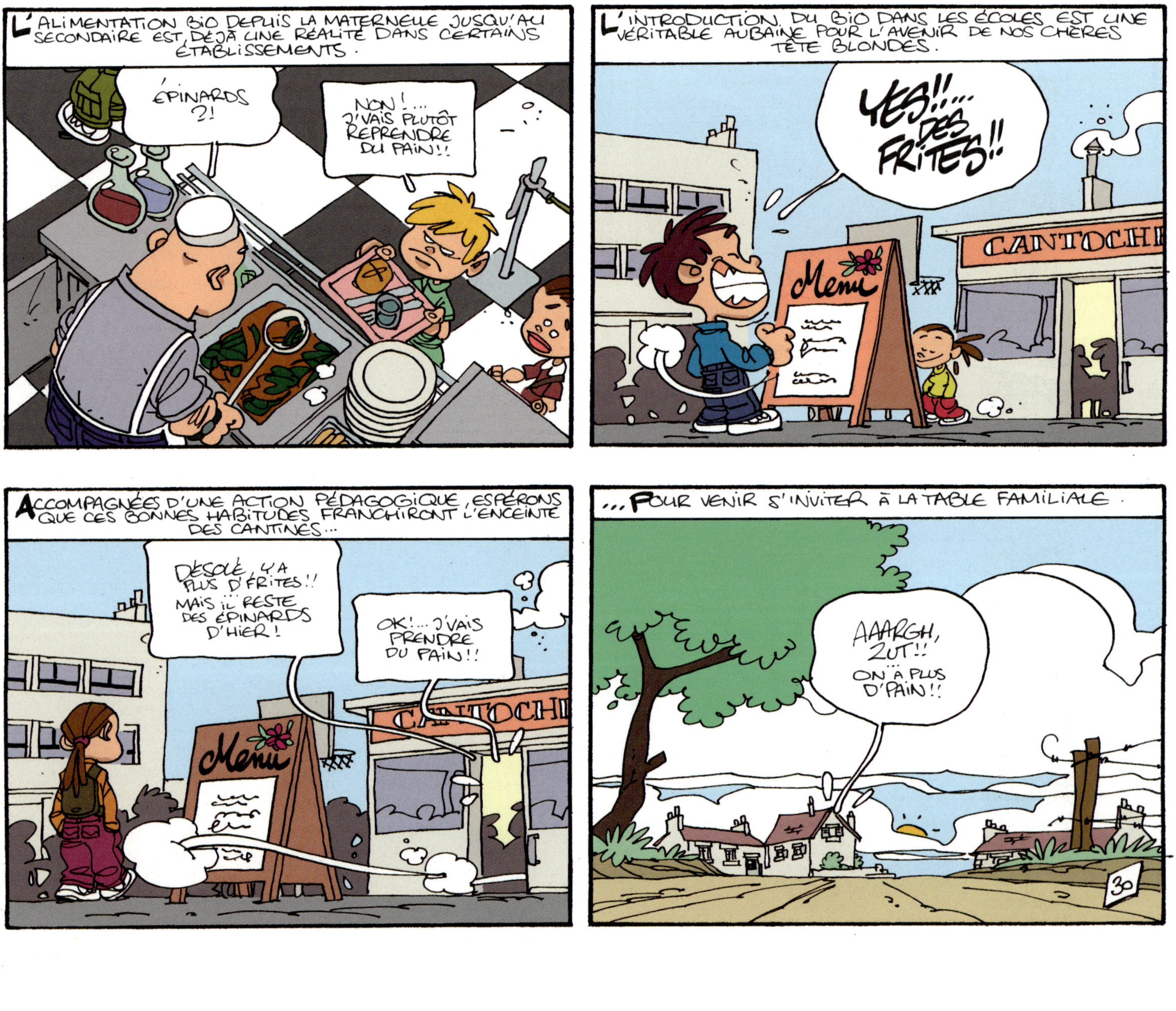
L'alimentation bio depuis la maternelle jusqu'au secondaire est, déjà une réalité dans certains établissements.
Épinards ?!
Non !... J'vais plutôt reprendre du pain !!
L'introduction du bio dans les écoles est une véritable aubaine pour l'avenir de nos chères tête blondes.
Yes !!... des frites !!
Menu
Cantoche
Accompagnées d'une action pédagogique, espérons que ces bonnes habitudes franchiront l'enceinte des cantines...
Désolé, y a plus d'frites !! Mais il reste des épinards d'hier !
OK !... J'vais prendre du pain !!
Menu
Cantoche
... Pour venir s'inviter à la table familiale.
Aaargh, zut !! ... On a plus d'pain !!

*S.O.S la Terre !*

# Bad attitude

"Oups, désolé !"

*Le pétomane*

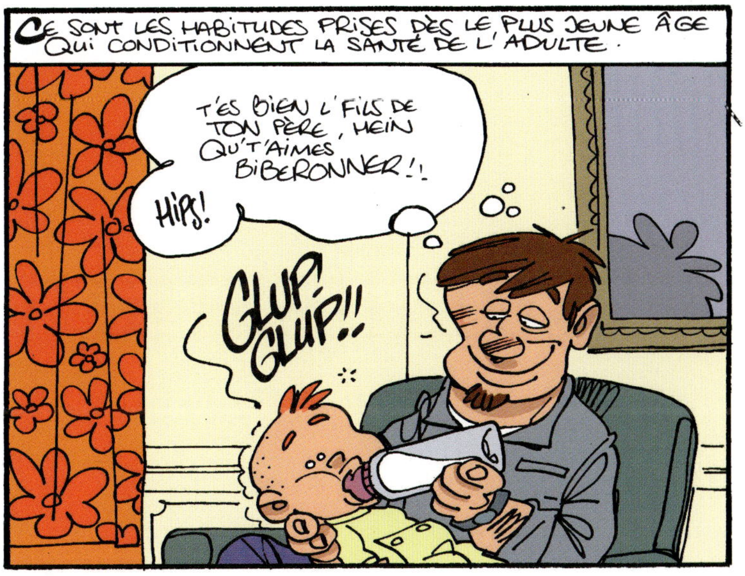

CE SONT LES HABITUDES PRISES DÈS LE PLUS JEUNE ÂGE QUI CONDITIONNENT LA SANTÉ DE L'ADULTE.
T'ES BIEN L'FILS DE TON PÈRE, HEIN QU'T'AIMES BIBERONNER !!
HIPS!
GLUP! GLUP!!

FAUTE DE PARENTS ATTENTIFS (OU PRÉSENTS), LES ENFANTS SE RETROUVENT RAPIDEMENT GAVÉS D'UNE ALIMENTATION SATURÉE EN GRAISSES...
OFFERT PAR
FLODOR

...DEVIENNENT DÉPENDANTS AU SUCRE !!
bonfour m'fieu l'dentifte !!
BONJOUR MON LAPIN !!... T'AS PENSÉ À TON ABONNEMENT ?!

LE PLATEAU TÉLÉ, LA PIZZA LIVRÉE À DOMICILE OU LE PLAT DÉCONGELÉ SONT DES SOLUTIONS DE FACILITÉ...
MIÔM MIAM!
PIZ

...QUI NE PEUVENT APPORTER D'AUTRE SATISFACTION QUE CELLE DE SE "DÉBARRASSER"
MIOM!
GNNN!!

# La mondialisation

"J'connais !… même que c'est tous les quatre ans !!"

*Jean-Pierre Papin*

L'AGRICULTURE MODERNE EST CONFRONTÉE AUX INTÉRÊTS DE GRANDS GROUPES PRIVÉS, INDUSTRIELS ET FINANCIERS QUI DOMINENT L'ÉCONOMIE MONDIALE.

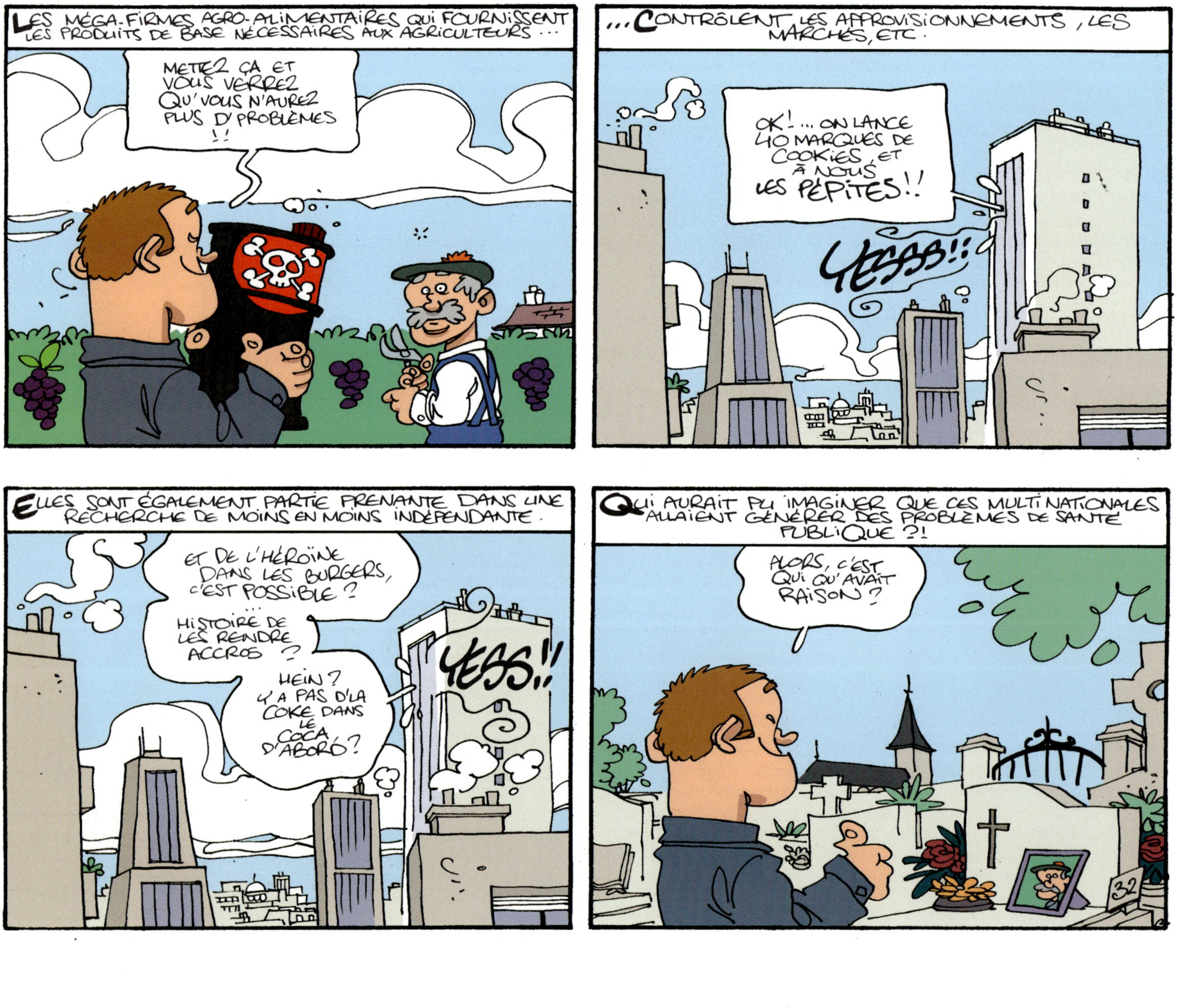
LES MÉGA-FIRMES AGRO-ALIMENTAIRES QUI FOURNISSENT LES PRODUITS DE BASE NÉCESSAIRES AUX AGRICULTEURS…
METTEZ ÇA ET VOUS VERREZ QU'VOUS N'AUREZ PLUS D'PROBLÈMES !!
…CONTRÔLENT LES APPROVISIONNEMENTS, LES MARCHÉS, ETC.
OK ! … ON LANCE 40 MARQUES DE COOKIES, ET À NOUS LES PÉPITES !!
YESSS !!
ELLES SONT ÉGALEMENT PARTIE PRENANTE DANS UNE RECHERCHE DE MOINS EN MOINS INDÉPENDANTE.
ET DE L'HÉROÏNE DANS LES BURGERS, C'EST POSSIBLE ? … HISTOIRE DE LES RENDRE ACCROS ?
HEIN ? Y A PAS D'LA COKE DANS LE COCA D'ABORD ?
YESS !!
QUI AURAIT PU IMAGINER QUE CES MULTINATIONALES ALLAIENT GÉNÉRER DES PROBLÈMES DE SANTÉ PUBLIQUE ?!
ALORS, C'EST QUI QU'AVAIT RAISON ?
32

# Le risque alimentaire

"Comme un frigo vide ?"

*Maïté*

LE RISQUE ALIMENTAIRE EST LA POSSIBILITÉ DE CONTRACTER UNE MALADIE PAR L'INTERMÉDIAIRE DE MICRO-ORGANISMES ...
SALUT, "CUISSES DE GRENOUILLE" !!
QUOÂÂ ?

... OU DE PRODUITS CHIMIQUES LORS DU CIRCUIT QUI VA DU PRODUCTEUR AU CONSOMMATEUR.
" DE LA SAVEUR POUR VOS LÉGUMES JUSQU'À LA RACINE !! "
ENGRAIS GOÛT BASILIC
DANGER
C'EST SOUVENT LORS DE MAUVAISES CONDITIONS DE CONSERVATION QUE PEUVENT SE DÉVELOPPER VIRUS, MICROBES ET BACTÉRIES
TIENS, LES MOUCHES N'ONT PLUS PEUR DE FINIR CONGELÉES !!
T'INQUIÈTE, LE SYSTÈME DE REFROIDISSEMENT EST EN PANNE !!
TRANS PORC
LA MORTALITÉ DUE À DES MALADIES TELLES QUE SALMONELLOSE, LISTÉRIA OU MALADIE DE CREUTZFELD JACOB A ÉTÉ TRÈS MÉDIATISÉE.
... ENCORE UN CAS DE VACHE FOLLE ...
AAARGH ! ILS VONT M'COUPER L'APPÉTIT !! ... VIV'MENT LA COUPE DU MONDE DE FOOT QU'ON CAUSE D'AUTRE CHOSE !!
MAIS CES MALADIES INFECTIEUSES RESTENT MINEURES PAR RAPPORT AUX RISQUES CANCÉRIGÈNES QUE L'ALIMENTATION DE MASSE NOUS FAIT COURIR.
BEN MOI, DEPUIS MA CIRRHOSE, J'MANGE PLUS D'FOIE !!
SÉRIEUX, ÇA M'A VACCINÉ !!
33

# La traçabilité

"D'où viens-je, où vais-je,
dans quel état j'erre ?"

*Ikéa*

LA TRAÇABILITÉ D'UN PRODUIT ALIMENTAIRE EST LA POSSIBILITÉ DE CONNAÎTRE LA FILIÈRE QUI VA DE LA MATIÈRE PREMIÈRE...
ALORS, ALORS ! VÉRITABLE POULET DE BRESSE ÉLEVÉ EN ROUMANIE !!
SUPERETTE

...JUSQU'À LA MISE EN VENTE.
S'CUSEZ-MOI, C'EST QUOI TOUS CES CHIFFRES ?!
LE PRIX !!
SUPERETTE
PAR L'ÉTIQUETAGE, ELLE PROPOSE DES INFORMATIONS AU CONSOMMATEUR...
HOULÀ, C'EST PAS UN PEU CHER POUR UNE VOLAILLE ?!
OUPS ! PARDON !! ÇA A ÉTÉ ÉTIQUETÉ À L'ÉPOQUE DES ANCIENS FRANCS !!
SUPERETTE
...UN CONSOMMATEUR DEVENU MÉFIANT DEPUIS LES "ACCIDENTS" ALIMENTAIRES DE LA FIN DU XXe SIÈCLE.
CHLUUUURP SLUUUURP !
EN CAS DE PROBLÈME OU D'ÉPIDÉMIE, LA TRAÇABILITÉ PERMET DE PRENDRE DES MESURES D'URGENCE DESTINÉES À ENRAYER LE MAL.
34

# Les hormones de croissance

"Comme le Viagra ?"

*Eddie Barclay*

CHEZ LES ANIMAUX, L'HORMONE DE CROISSANCE AGIT SUR LE SQUELETTE ET L'ENSEMBLE DES TISSUS ...
ALLEZ, FISTON, FINIS TA MANGEOIRE !
OUI, PA' !!

... DONT ELLE AUGMENTE LA MASSE D'UNE FAÇON POUVANT ALLER JUSQU'AU GIGANTISME.
TENEZ-LE BIEN, FAUT PAS QU'IL BOUGE !!

GÉNÉRALEMENT COUPLÉES À LA PRISE D'ANTIBIOTIQUES, CES HORMONES SONT SOUPÇONNÉES D'ÊTRE CANCÉRIGÈNES !
ALORS, ÇA AVANCE ?
NICKEL ! ON VIENT DE METTRE AU POINT UNE PILULE QUI PROVOQUE DE L'AÉROPHAGIE !
HÉ HÉ, HÉ !
GONFLÉ, NON ?
LABO

VOILÀ POURQUOI DES PAYS COMME LA FRANCE ONT INTERDIT L'IMPORTATION DES ANIMAUX ÉLEVÉS SUIVANT CETTE PRATIQUE.
FRANCE
INTERDIT AUX GROS BOEUFS
ON A DÉJÀ C'QUI FAUT !!

PRENANT LE PROBLÈME À L'ENVERS, NOS AMIS D'OUTRE-ATLANTIQUE ATTENDENT QUE LES SCIENTIFIQUES PROUVENT LA DANGEROSITÉ DE LA CHOSE POUR CALMER LE TIR !
PURÉE, ON DIRAIT BIEN QU'LES HORMONES DE CROISSANCE FONCTIONNENT AUSSI SUR LEURS CAGES À LAPINS !!

# Pollution

"… On est les champions !"

*George Bush*

LA MER, LES SOLS, LES NAPPES PHRÉATIQUES SONT POLLUÉS.
BOAF! ÇA MANQUE D'OXYGÈNE !!
MOUAIP! ÇA CRAINT!

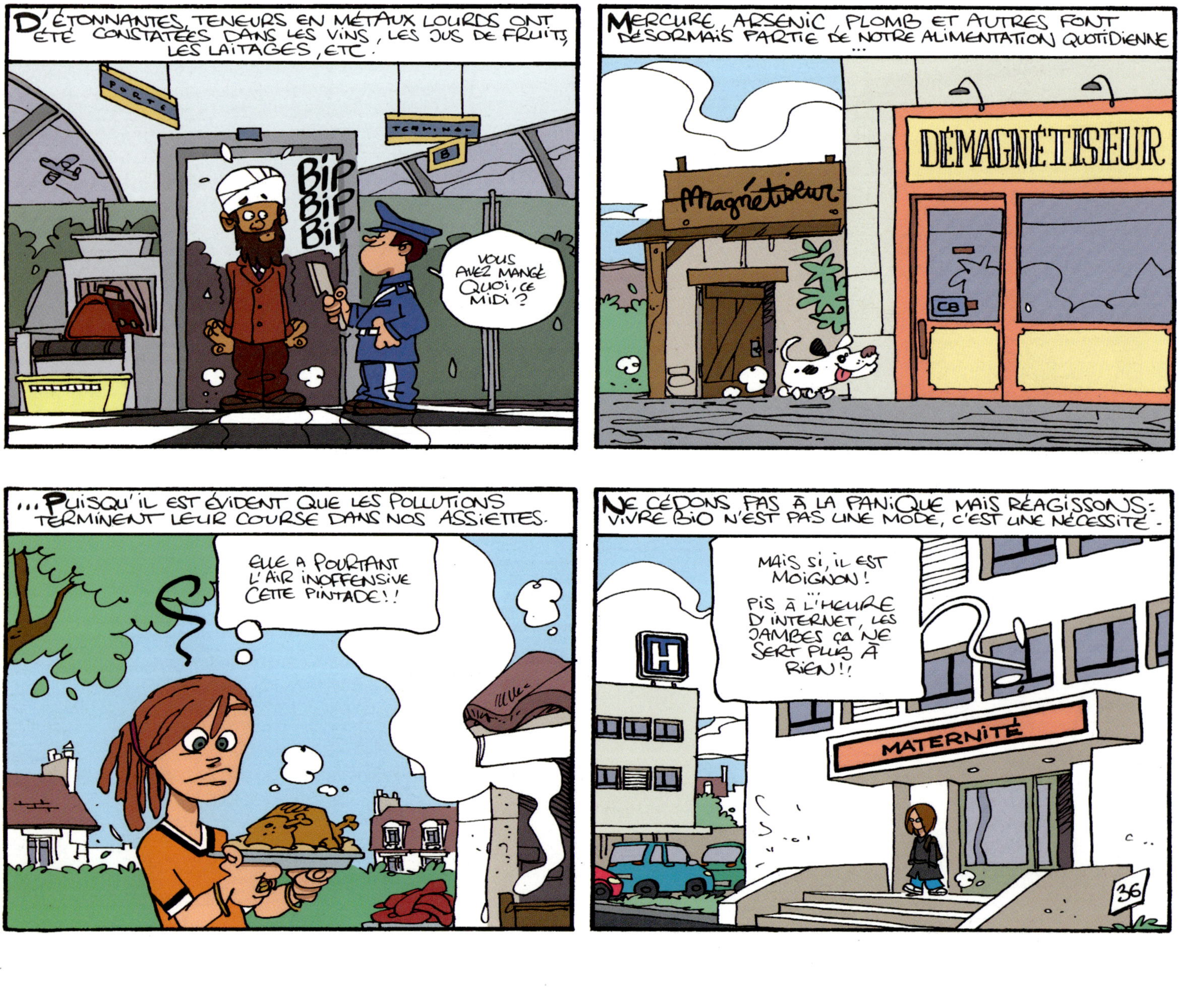
D'ÉTONNANTES TENEURS EN MÉTAUX LOURDS ONT ÉTÉ CONSTATÉES DANS LES VINS, LES JUS DE FRUITS, LES LAITAGES, ETC.
PORTE
TERMINAL
B
BIP BIP BIP
VOUS AVEZ MANGÉ QUOI, CE MIDI ?
MERCURE, ARSENIC, PLOMB ET AUTRES FONT DÉSORMAIS PARTIE DE NOTRE ALIMENTATION QUOTIDIENNE…
Magnétiseur
DÉMAGNÉTISEUR
CB
…PUISQU'IL EST ÉVIDENT QUE LES POLLUTIONS TERMINENT LEUR COURSE DANS NOS ASSIETTES.
ELLE A POURTANT L'AIR INOFFENSIVE CETTE PINTADE!!
NE CÉDONS PAS À LA PANIQUE MAIS RÉAGISSONS: VIVRE BIO N'EST PAS UNE MODE, C'EST UNE NÉCESSITÉ.
MAIS SI, IL EST MOIGNON!
PIS À L'HEURE D'INTERNET, LES JAMBES ÇA NE SERT PLUS À RIEN!!
H
MATERNITÉ
36

*Sois bio… et dis-le !*

# Halte au massacre

"Beuh… si on peut plus rigoler !"

*Nicolae Ceaucescu*

LE BIO N'EST PAS UN UNIVERS DE GENS PRESSÉS ET OFFENSIFS…
HA, HA ! … VITE FAIT !


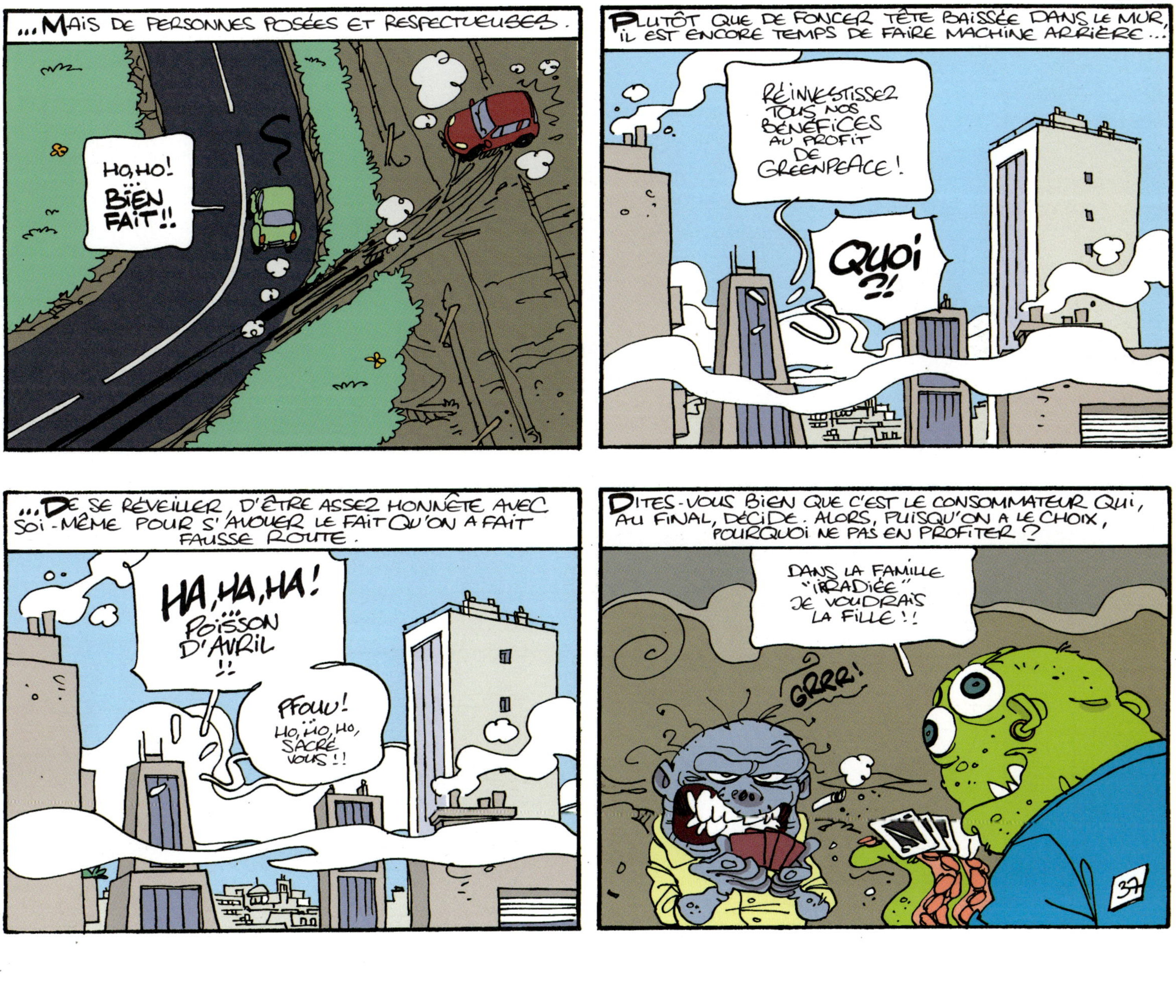

… MAIS DE PERSONNES POSÉES ET RESPECTUEUSES.
HO, HO ! … BIEN FAIT !!
PLUTÔT QUE DE FONCER TÊTE BAISSÉE DANS LE MUR, IL EST ENCORE TEMPS DE FAIRE MACHINE ARRIÈRE…
RÉINVESTISSEZ TOUS NOS BÉNÉFICES AU PROFIT DE GREENPEACE !
QUOI ?!
… DE SE RÉVEILLER, D'ÊTRE ASSEZ HONNÊTE AVEC SOI-MÊME POUR S'AVOUER LE FAIT QU'ON A FAIT FAUSSE ROUTE.
HA, HA, HA ! … POISSON D'AVRIL !!
PFOUU ! HO, HO, HO, SACRÉ VOUS !!
DITES-VOUS BIEN QUE C'EST LE CONSOMMATEUR QUI, AU FINAL, DÉCIDE. ALORS, PUISQU'ON A LE CHOIX, POURQUOI NE PAS EN PROFITER ?
DANS LA FAMILLE "IRRADIÉE" JE VOUDRAIS LA FILLE !!
GRRR !

*Sois bio… et dis-le !*

# Un monde bio

“Bio… logique !”

*La Palice*

DANS CETTE LUTTE CONTRE L'AUTODESTRUCTION, LE RÔLE DE L'ÉTAT SE DOIT D'ÊTRE PRIMORDIAL...
CHERS EUROP... FRANÇAISES ET FRANÇAIS, EN M'ÉLISANT VOUS AVEZ FAIT UN CHOIX QUE JE RESPECTE!! ...
FLASH!
TAC DZ!!!
TAC DZI

...ET C'EST UNE NOUVELLE FOIS À NOUS DE PRENDRE LE CHAROLAIS PAR LES CORNES EN ALLANT VOTER.
J'AI VOTÉ BLANC!
MOI VERT!
ET MOI, ROUGE!!
AH, ÇA, LES GOÛTS ET LES COULEURS!!
ESPÉRONS UN ÉTAT QUI DONNE DES SUBVENTIONS OU PROPOSE DES ALLÈGEMENTS AUX BIO-CULTIVATEURS.
BEN, KESKE TU FAIS?
J'PLANTE DES EUROS, ON SAIT JAMAIS!!
QUI SANCTIONNE SÉVÈREMENT LES GROS POLLUEURS (ET REDISTRIBUE L'ARGENT DES AMENDES À L'ENVIRONNEMENT).
CIGARE?
NON MERCI, J'AI ARRÊTÉ D'FUMER!
BREF, QUI PRÉSERVE L'HOMME DE LUI-MÊME.
CAMARADE TRAVAILLEUR, EN REMERCIEMENT DE TES 40 ANS DE LABEUR, LE PARTI T'OFFRE... CE VÉLO!!
AH?!... ON N'A PLUS L'DROIT À UNE BAGNOLE?!
MÊME UNE "LOGAN"?

# Des mesures à prendre

"Et pas de demi-mesures !"

*Mimie Mathy*

TOUT D'ABORD L'ENSEIGNEMENT DE L'AGRICULTURE BIOLOGIQUE DANS TOUS LES LYCÉES ET ÉCOLES AGRICOLES SERAIT SOUHAITABLE.
MARTINEAU ?! ... QU'EST-CE QUE JE VIENS DE DIRE ?
euh, ch'sais pas... planter la petite graine ?

L'INTENSIFICATION D'UNE RECHERCHE "PROPRE" QUI PRÉCONISE LE "DURABLE", INDISPENSABLE.
ET VOUS POUVEZ EN SORTIR COMBIEN PAR MINUTE ?!
?!

LA COMMUNICATION SUR LES VALEURS DE BASE DU BIO, À DÉVELOPPER
BYO !

L'INTERVENTION DE PROFESSIONNELS DU MARKETING ET DE LA COMMUNICATION FORMÉS À LA CAUSE.
ET J'AI PAYÉ COMBIEN POUR ÇA ?
HA, HA, HA ! J'ADOOORE !
LE BIO C'EST BEAU !

LE TOUT POUR QUE LES PRODUITS BIOLOGIQUES SOIENT PAYÉS À LEUR JUSTE PRIX (ET PAR LÀ MÊME ÉRADIQUENT DU MARCHÉ L'ALIMENTATION DE LABORATOIRE).
ON S'FAIT UN SURGELÉ BIO ?
AH, ÇA NON ! ... C'EST BIEN TROP DUR !!
PIS ÇA FAIT FROID AUX DENTS !
39

# La vie en bio

"J'vois pas la différence !"

*Ray Charles*

AU RISQUE DE ME RÉPÉTER, ÊTRE BIO EST UN ÉTAT D'ESPRIT, UNE FAÇON DE VIVRE QUI VA BIEN AU-DELÀ DU FAIT DE "MANGER TERROIR".
BIOOOHM
GÂAR GOUL!!
0%

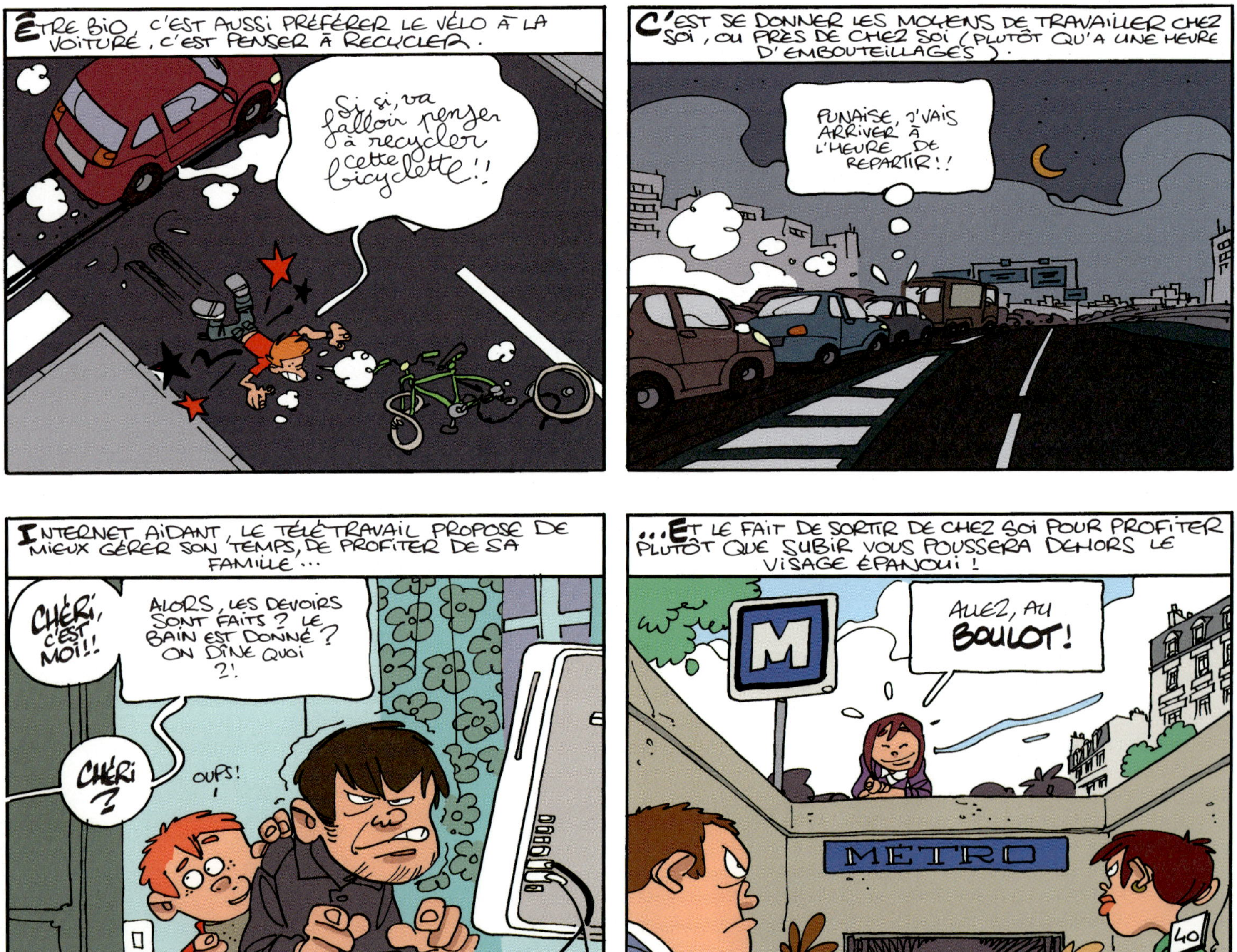
ÊTRE BIO, C'EST AUSSI PRÉFÉRER LE VÉLO À LA VOITURE, C'EST PENSER À RECYCLER.
Si si, va falloir penser à recycler cette bicyclette!!
C'EST SE DONNER LES MOYENS DE TRAVAILLER CHEZ SOI, OU PRÈS DE CHEZ SOI (PLUTÔT QU'À UNE HEURE D'EMBOUTEILLAGES).
PUNAISE, J'VAIS ARRIVER À L'HEURE DE REPARTIR!!
INTERNET AIDANT, LE TÉLÉTRAVAIL PROPOSE DE MIEUX GÉRER SON TEMPS, DE PROFITER DE SA FAMILLE...
CHÉRI, C'EST MOI!!
ALORS, LES DEVOIRS SONT FAITS? LE BAIN EST DONNÉ? ON DÎNE QUOI ?!
CHÉRI ?
OUPS!
...ET LE FAIT DE SORTIR DE CHEZ SOI POUR PROFITER PLUTÔT QUE SUBIR VOUS POUSSERA DEHORS LE VISAGE ÉPANOUI!
M
ALLEZ, AU BOULOT!
METRO
40

*Sois bio… et dis-le !*

# À l'essai

"… transformé !"

*Le XV de France*

SI VOUS ÊTES SCEPTIQUES, ACCORDEZ-VOUS UN MOIS D'ESSAI, UN MOIS 100% BIO ATTITUDE.
BON, BEN J'FINIRAI TOUT ÇA DANS UN MOIS !!


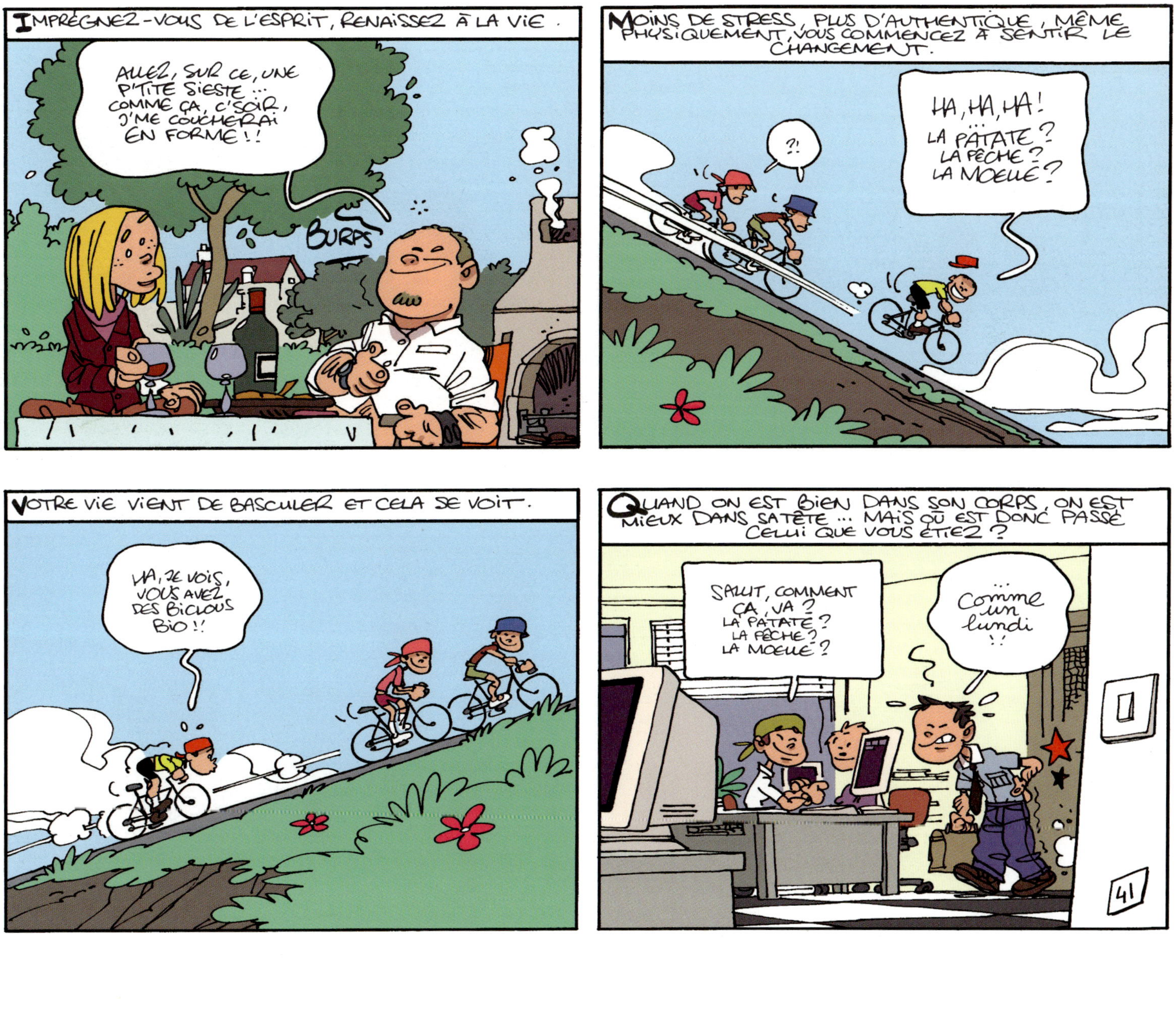

IMPRÉGNEZ-VOUS DE L'ESPRIT, RENAISSEZ À LA VIE.
ALLEZ, SUR CE, UNE P'TITE SIESTE… COMME ÇA, C'SOIR, J'ME COUCHERAI EN FORME !!
BURPS
MOINS DE STRESS, PLUS D'AUTHENTIQUE, MÊME PHYSIQUEMENT, VOUS COMMENCEZ À SENTIR LE CHANGEMENT.
?!
HA, HA, HA ! … LA PÂTATE ? LA PÊCHE ? LA MOELLE ?
VOTRE VIE VIENT DE BASCULER ET CELA SE VOIT.
HA, JE VOIS, VOUS AVEZ DES BICLOUS BIO !!
QUAND ON EST BIEN DANS SON CORPS, ON EST MIEUX DANS SA TÊTE… MAIS OÙ EST DONC PASSÉ CELUI QUE VOUS ÉTIEZ ?
SALUT, COMMENT ÇA VA ? LA PÂTATE ? LA PÊCHE ? LA MOELLE ?
… Comme un lundi !!

*En conclusion*

# Être soi-même

“Il l’est !”

*Alain Delon*

CHANGER POUR LE BIO, ÉVITER D'ÊTRE VICTIME D'UN MARKETING "OGMisé"...
CE SOIR Y A LE "GÉANT VERT©" À LA TÉLÉ !!
"HULK©" TU VEUX DIRE ?

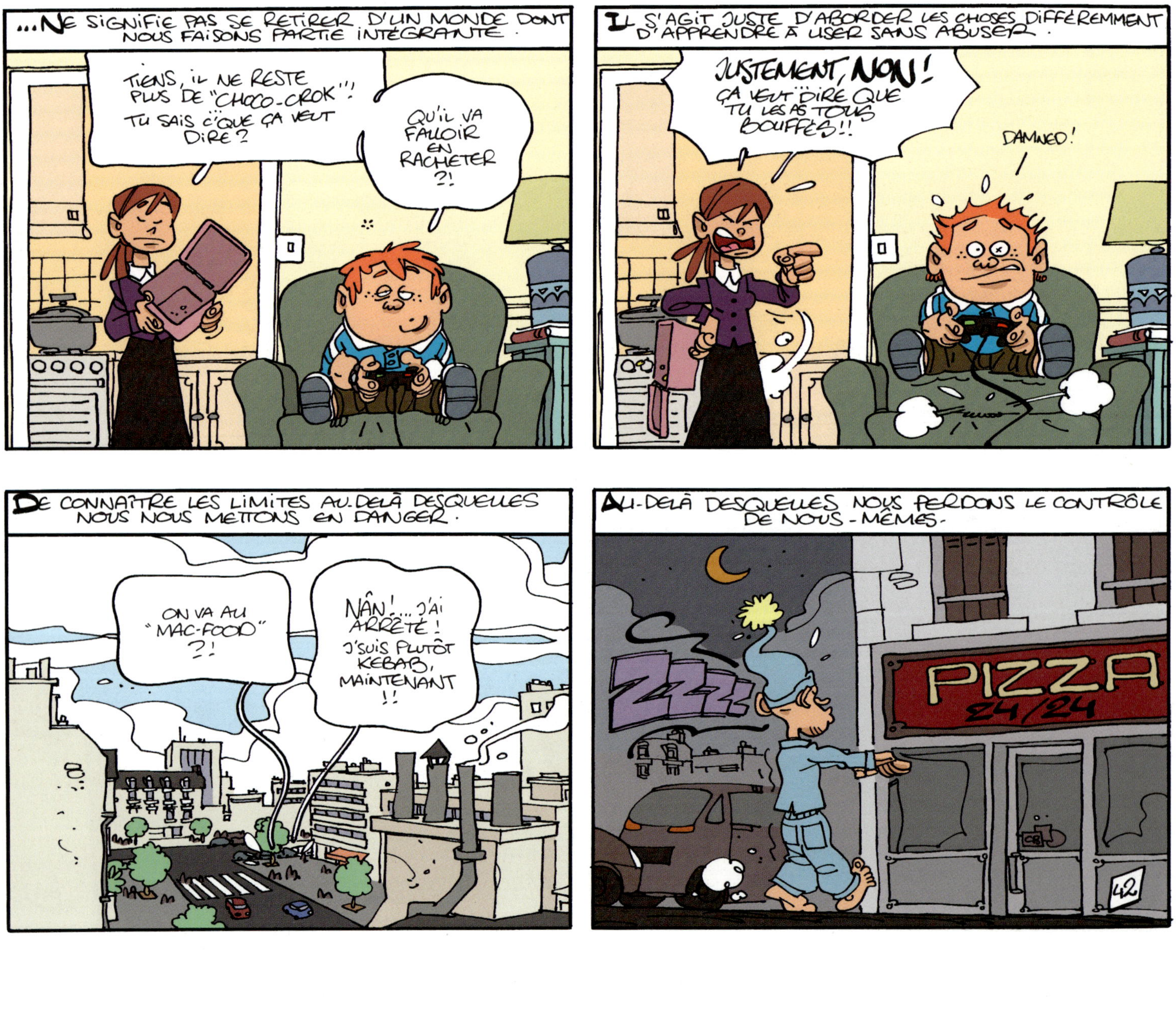
...NE SIGNIFIE PAS SE RETIRER D'UN MONDE DONT NOUS FAISONS PARTIE INTÉGRANTE.
TIENS, IL NE RESTE PLUS DE "CHOCO-CROK" ! TU SAIS C'QUE ÇA VEUT DIRE ?
QU'IL VA FALLOIR EN RACHETER ?!
IL S'AGIT JUSTE D'ABORDER LES CHOSES DIFFÉREMMENT D'APPRENDRE À USER SANS ABUSER.
JUSTEMENT, NON ! ÇA VEUT DIRE QUE TU LES AS TOUS BOUFFÉS !!
DAMNED !
DE CONNAÎTRE LES LIMITES AU-DELÀ DESQUELLES NOUS NOUS METTONS EN DANGER.
ON VA AU "MAC-FOOD" ?!
NÂN !... J'AI ARRÊTÉ ! J'SUIS PLUTÔT KEBAB, MAINTENANT !!
AU-DELÀ DESQUELLES NOUS PERDONS LE CONTRÔLE DE NOUS-MÊMES.
ZZZ
PIZZA 24/24

# Réveillons-nous

"Oui ! ouvrons l'œil… et le bon !!"

*Le cyclope*

POUR SE RÉSUMER, IL EST TRISTE DE CONSTATER QUE NOTRE RELATION À L'ALIMENTATION A DÉVIÉ.
ON PASSE À TABLE DANS 2 MINUTES ET 47 SECONDES !
2:47

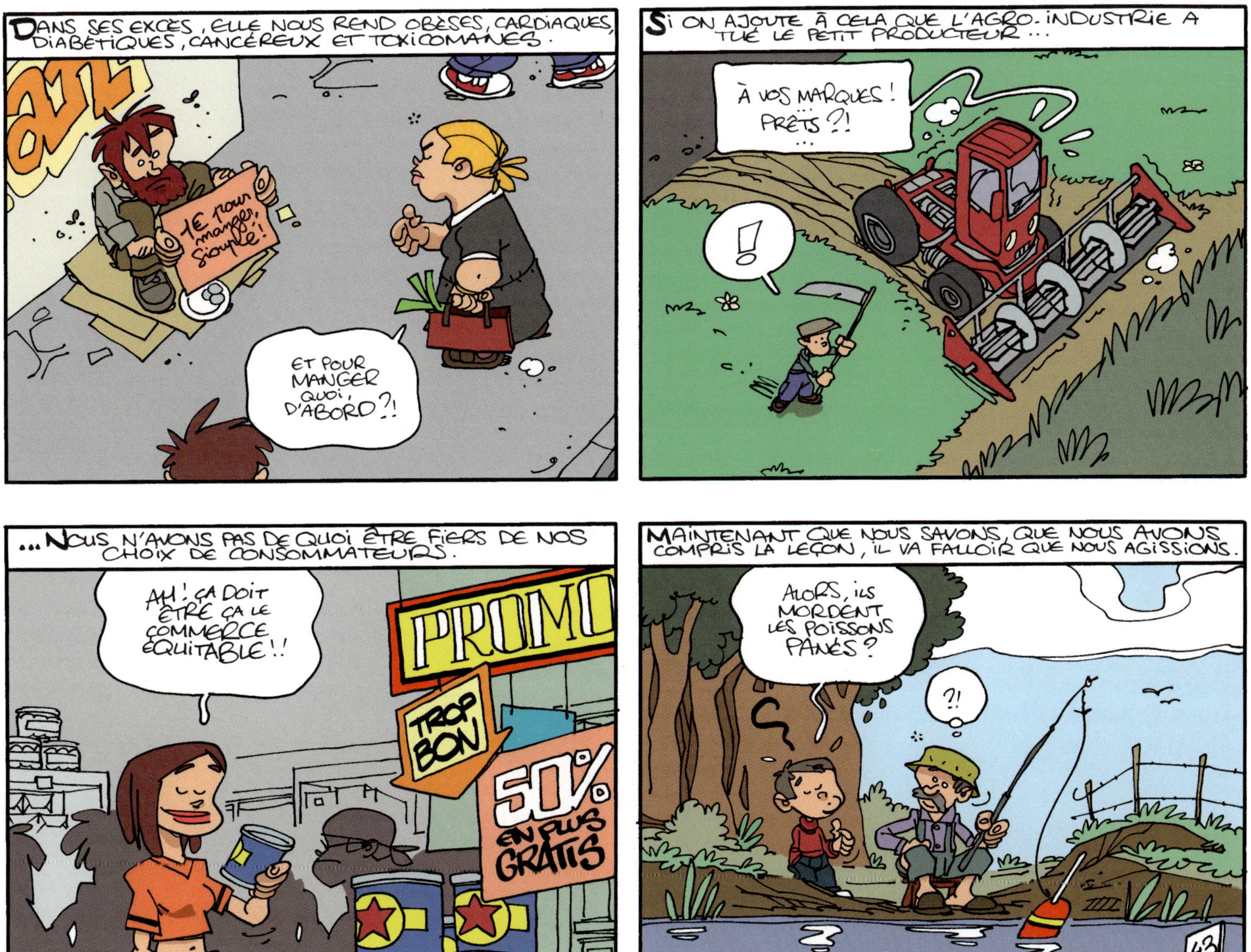
DANS SES EXCÈS, ELLE NOUS REND OBÈSES, CARDIAQUES, DIABÉTIQUES, CANCÉREUX ET TOXICOMANES.
1€ pour manger, siouplé!
ET POUR MANGER QUOI, D'ABORD ?!
SI ON AJOUTE À CELA QUE L'AGRO-INDUSTRIE A TUÉ LE PETIT PRODUCTEUR…
À VOS MARQUES ! … PRÊTS ?! …
!
…NOUS N'AVONS PAS DE QUOI ÊTRE FIERS DE NOS CHOIX DE CONSOMMATEURS.
AH ! ÇA DOIT ÊTRE ÇA LE COMMERCE ÉQUITABLE !!
PROMO
TROP BON
50% EN PLUS GRATIS
MAINTENANT QUE NOUS SAVONS, QUE NOUS AVONS COMPRIS LA LEÇON, IL VA FALLOIR QUE NOUS AGISSIONS.
ALORS, ILS MORDENT LES POISSONS PANÉS ?
?!

# Le bio est l'avenir de l'homme

"Quel avenir ?… la fin des haricots, oui !"

*Nostradamus*

SUR CETTE TERRE QUI NE TOURNE PAS TOUJOURS ROND, N'OUBLIONS JAMAIS QUE C'EST LA DEMANDE QUI CRÉE LE MARCHÉ.
Cher père-noël, je voudré un maskagaz pour pouvoir aller jouer dehors !…

EXIGEONS DONC DU BIO POUR TOUS, ET L'OFFRE QUI SUIVRA NOUS ASSURERA UN MONDE MEILLEUR.
WHAHÂAA !! … UNE PURE FRAISE TAGADA© !!
TOUCHE PAS ! ELLE EST P'TÊT VÉNÉNEUSE !!

Impression : Pollina en octobre 2005
SEFAM
22 rue Huyghens. 75014 Paris
N° d'édition : 23939
N° d'impression : L98050
Dépôt légal : novembre 2005
ISBN : 2-226-16672-6
Imprimé en France